EDICIÓN DIGITAL

.pdf

EVIA EDICIONES
ES PROPIEDAD DE EDICIONES VISUALES ALBERDI S.A.
BUENOS AIRES · ARGENTINA
www.eviatienda.com

Institutos

Leticia Suárez del Cerro
CURSOS DE MODELADO EN PORCELANA FRÍA

SEDE CENTRAL CASEROS
Directora General y de Enseñanza:
Leticia Suárez del Cerro

Andrés Ferreyra 2594
Teléfonos: 4716-2420
info@suarezdelcerro.com.ar
Facebook: Leticia Suárez del Cerro - Instituto Caseros
Seminarios y perfeccionamientos dictados por Leticia.
Profesorado con títulos otorgados y avalados por Leticia Suárez del Cerro.

SUCURSAL CABALLITO
Directora: Margarita Suárez del Cerro
Del Barco Centenera 295 1er piso
Teléfonos: 4902-5917
caballito@suarezdelcerro.com.ar
Facebook: Instituto Leticia Suárez del Cerro - Sucursal Caballito

INTERIOR DEL PAIS
CÓRDOBA
Organizadora: Verónica Anabella Alcántaro
Dirección: Madre Pastorino 3075
Barrio Villa Corina - Córdoba Capital
Teléfono: 0351-479-2258   0351-15-632-7741
email: naeli@live.com.ar
Facebook: Naeli Creaciones

CATAMARCA
Organizadora: Liliana Edith Lobo - "Taller encantada"
Dirección: Av. Juan Pablo Vera 95 - Capital - Catamarca
Teléfono: 03834-440-772 | Celular: 03834-15-567-411
email: lililobo68@hotmail.com - lalylobo@yahoo.com

TUCUMÁN
Organizadora: María Angela Pastorini "El taller de Marietta"
Dirección: B° 200 Viviendas de Viluco Mna. "A" Casa 32 - Tucumán Teléfono: 0381-400-5379 | 0381-15-445-2539
email: mpastorini22@yahoo.com.ar | marietta2275@yahoo.com.ar
facebook: Marietta porcelana fría

ROSARIO
Organizadora: Patricia Aguirre - Taller Soles
Dirección: Triunvirato 440 (ex 540) Rondeau al 200
Teléfono: 0341-454-9496 | Celular: 0341-15-606-1505
email: yo_pato15@hotmail.com | tallerdossoles@hotmail.com

PEHUAJO
Organizadora: Marisol Giannotti
Dirección: Clemente Grand 880 - Pehuajó, Prov. de Bs. As.
Teléfono: 02396-475-490 | Celular: 02396-15-622-592
email: marigiann@hotmail.com | facebook: Marisol Giannotti

SAN JUAN
Organizadora: Cecilia Leonor Quiroga
Dirección: Coronel Guerrero 258, Villa San Martín, Albardón, San Juan
Teléfono: 0264-491-2325 | Celular: 0264-15-509-7905
email: quirogacecilialeonor@live.com
facebook: Cecilia Quiroga

MENDOZA
Organizadora: Adela Berrondo "Taller Locas Artesanías"
Dirección: Barrio In-me M. L. Casa 6 - El Challao - Las Heras
Mendoza Teléfonos: 0261-444-4186 | 0261-15-557-5562
email: duque-002@hotmail.com | facebook: Adela Berrondo

LA PAMPA
Organizadora: María Eugenia Italiani y Marisol Ginnotti
Dirección: González 334 - Santa Rosa - La Pampa
Teléfonos: 02954-430598 | Celular: 02396-15-622-592
Email: marigiann@hotmail.com
Facebook: Marisol Giannotti

MAR DEL PLATA
Organizadora: Mabel Guerrero
Dirección: Berutti 3936 (entre Guido y Funes)
Teléfonos: 0223-475-7780 | Celular: 0223-15-536-1980
email: mabel_guerrero12@hotmail.com
Facebook: Porcelana Caricias de Hadas

Participan en esta edición

MARÍA LAURA ROMBOLÁ
Profesora Instituto Caballito

NANCI ARRÚA
Profesora Instituto Sede Central Caseros

MARÍA FERNANDA DE LUCA
Profesora Instituto Caballito

NATALIA BERGÉS
Profesora Instituto Caballito

Editorial

¡Hola chicas!

Tengo el placer de presentarles un nuevo número de nuestra revista que tanto queremos, que hacemos pensando en ayudarlas a seguir creciendo en este mundo fantástico del modelado en porcelana fría.

Les proponemos nuevas ideas para hacer souvenirs ya que son innumerables sus pedidos; ¡nos encanta poder servirles de ayuda!

Espero que disfruten mucho esta revista; y aprovecho para agradecerles todo el apoyo recibido en estos últimos tiempos, el amor que me demostraron me llena el alma y me da fuerzas para seguir adelante.

¡Gracias!

Las abrazo,

LETICIA SUÁREZ DEL CERRO
Directora General y de Enseñanza
SEDE CENTRAL CASEROS

COMUNIÓN

Una preciosa capilla para centro de mesa o para colocar en la tora de comunión.

DESDE JAPÓN

Un precioso y desafiante trabajo para una fiesta temática o simplemente para festejar la femineidad.

BODA ELEGANTE

Perfectos y elegantes para adornar la torta y entregar como recuerdo de una boda inolvidable.

SALTARINES

Preciosos y llamativos souvenirs, ideales para el festejo de primer añito.

CRUCES ANGELICALES

Perfectas para un souvenir de comunión o de bautismo, estas cruces de ángeles serán colgadas en todos los hogares.

DULCE ESPERA

Una hermosa imagen de la espera más importante en la vida, la llegada de un hijo.

FANÁTICAS POR LA MÚSICA

Un precioso conjunto de guitarristas lookeadas en tonos violetas y lilas.

Generalidades básicas

La porcelana fría es una masa dúctil que se seca al aire libre. se la debe conservar en lugares frescos y oscuros, dentro de bolsitas o frascos herméticos (siempre separada por colores). dura dos meses aproximadamente y la consistencia de la masa debe ser similar a la de la plastilina.

Teñido de la masa

• Se puede dar color a la porcelana fría con óleos, colorantes vegetales, témperas y acrílicos. Tener en cuenta que los dos últimos son pinturas a base de agua y no al aceite, de modo que es recomendable utilizar para teñir colores muy claros, colocando una pequeña cantidad del producto.
• Es aconsejable teñir con pocas cantidades de pintura y si es necesario intensificar el tono volver a colocar el color y mezclar nuevamente, ya que si el resultado es muy oscuro se necesitarán grandes cantidades de masa natural para aclararla.
• Tener en cuenta que una vez que se seca la porcelana el color se oscurece, por este motivo teñir un tono más bajo al que se desea como resultado final.

Forrado de esferas con prolongación

• Forrar una esfera de telgopor hundiendo la misma en una porción de masa dos veces mayor al volumen de la esfera.
• Subir la masa dejando una capa fina alrededor de la esfera; buscar la forma de la misma por debajo de la masa de manera que se note bien la redondez de la esfera.
• Con el resto de la masa realizar una prolongación a modo de rollo (su largo va a depender de la figura que se va a modelar). Presionar el sobrante de masa afinándola para que no queden imperfecciones en el corte.
• Mediante esta técnica podremos realizar cuerpos, cabezas, frutas, verduras y diversos objetos.
La esfera de telgopor nos ayuda a dar formas perfectamente redondas y a alivianar el modelo terminado. Podemos encontrar gran variedad de tamaños de esferas.

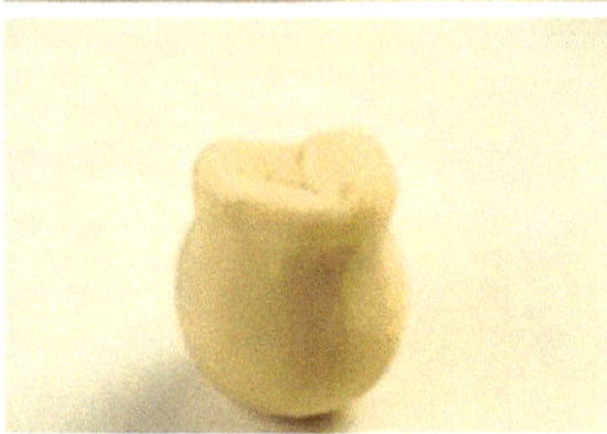

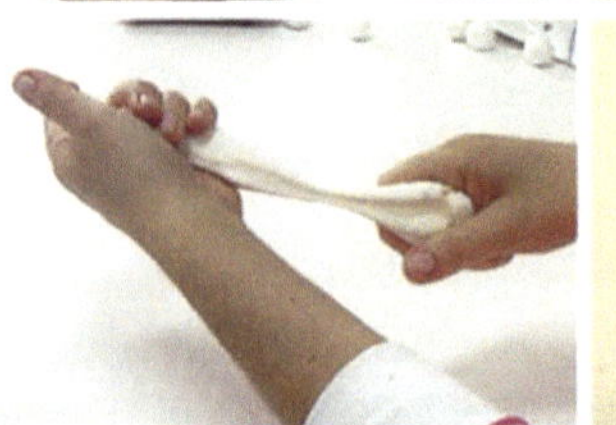

Modelados de manos

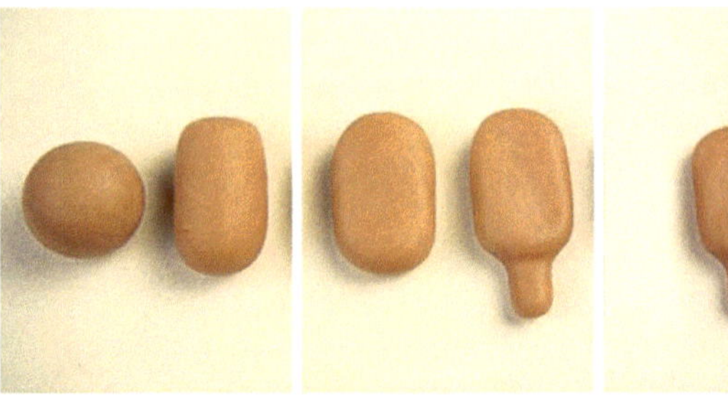

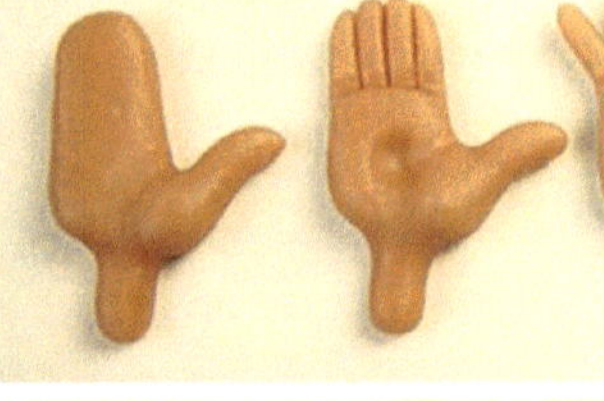

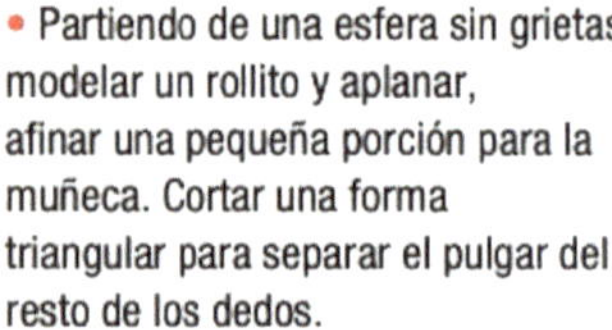

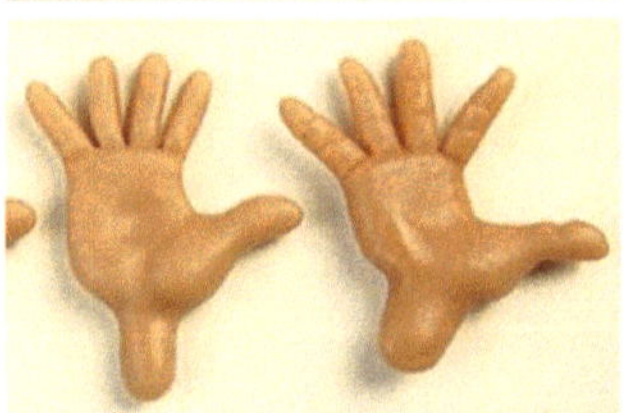

• Partiendo de una esfera sin grietas modelar un rollito y aplanar, afinar una pequeña porción para la muñeca. Cortar una forma triangular para separar el pulgar del resto de los dedos.
• Redondear el corte y dar forma al pulgar abarcando la palma hasta la muñeca. Hundir el centro de la palma con un bolillo, y realizar una leve curva descendente para el nacimiento de los dedos restantes. Cortar los dedos, separar y redondear. Marcar las falanges con una esteca de filo.

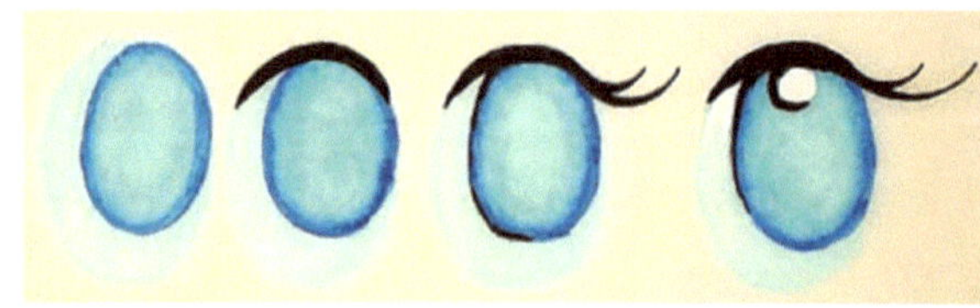

Modelado de cabeza básica

• Forrar una esfera de telgopor hundiendo la misma en una porción de masa (fotos 1, 2 y 3) utilizando la técnica del forrado de esfera con prolongación (página 4).

• Destacar la redondez de la esfera ubicada debajo de la capa pareja de masa (sector de la frente) para poder tomar recién ahí la medida de la misma y trasladar sólo la mitad a la prolongación (foto 4).

• Esta imagen muestra la mitad de la medida de la esfera trasladada a la prolongación. Hundir con el dedo para marcar el límite de la cara y así poder retirar el sobrante de masa (foto 5).

• Afinar sobre esta marca presionando hacia abajo con un dedo hasta cortar en la parte posterior (donde luego estará ubicado el cuello) sin que queden prácticamente marcas (foto 6 y 7).

• Redondear la zona del corte, dando forma de pera (foto 8).

• Para separar el cuello de la cara, dividir la zona recién redondeada por la parte inferior aproximadamente a la mitad del espesor de la misma (prolongación). Continuar marcando esta línea divisoria cara-cuello subiendo en ambos laterales hasta llegar a la esfera (que sería el cráneo). Esta marca separa el cuello por detrás de la cara, diferenciando la mandíbula inferior del mismo (fotos 9 y 10).

• Alargar el sector del cuello estirando la masa y afinando con los dedos hacia abajo a modo de rollo (foto 11).

• Evitar que la masa para realizar mejillas, nariz y boca quede apuntando hacia abajo, quedando así una forma de "trompa caída" muy separada de la frente; para ello, presionar este sector de masa hacia la esfera "compactando" la misma para que resulte un perfil delicado y respingado. Hacer presión constantemente en el límite donde termina la esfera y comienza la prolongación; este sector separa la frente redondeada (por la esfera que está debajo) de la zona del resto de la carita. Hundir imitando una "canaleta" en este sector divisorio en donde luego se dibujarán los ojos (foto 12).

• Para la nariz (foto 13), realizar una pequeña bolita de masa, dándole forma ovalada. Pegarla de manera apaisada y en el centro de la cara dejando para ambas mejillas la misma proporción de masa. Tener en cuenta que la nariz se ubica a continuación de la canaleta de los ojos; bien cerca de la frente.

• Con un bolillo chico realizar la boca (foto 14), hundiendo y bajando para formar el labio inferior. Con una esteca de punta curva marcarlo por debajo para definirlo bien (foto 15).

• Para el mentón (foto 16), dejar una pequeña porción de masa debajo de la boca y, con los pulgares, separar la misma de las mejillas redondeando siempre las formas con las yemas de los dedos.

• Modelar dos peritas pequeñas para las orejas y pegarlas en forma invertida a los lados de la cabeza. Con un bolillo chico ahuecar en el centro (foto 17).

• Una vez que la masa esté bien seca, luego de 24 horas, pintar los ojos y dar color a las mejillas con rubor o polvos tonalizadores (foto 18).

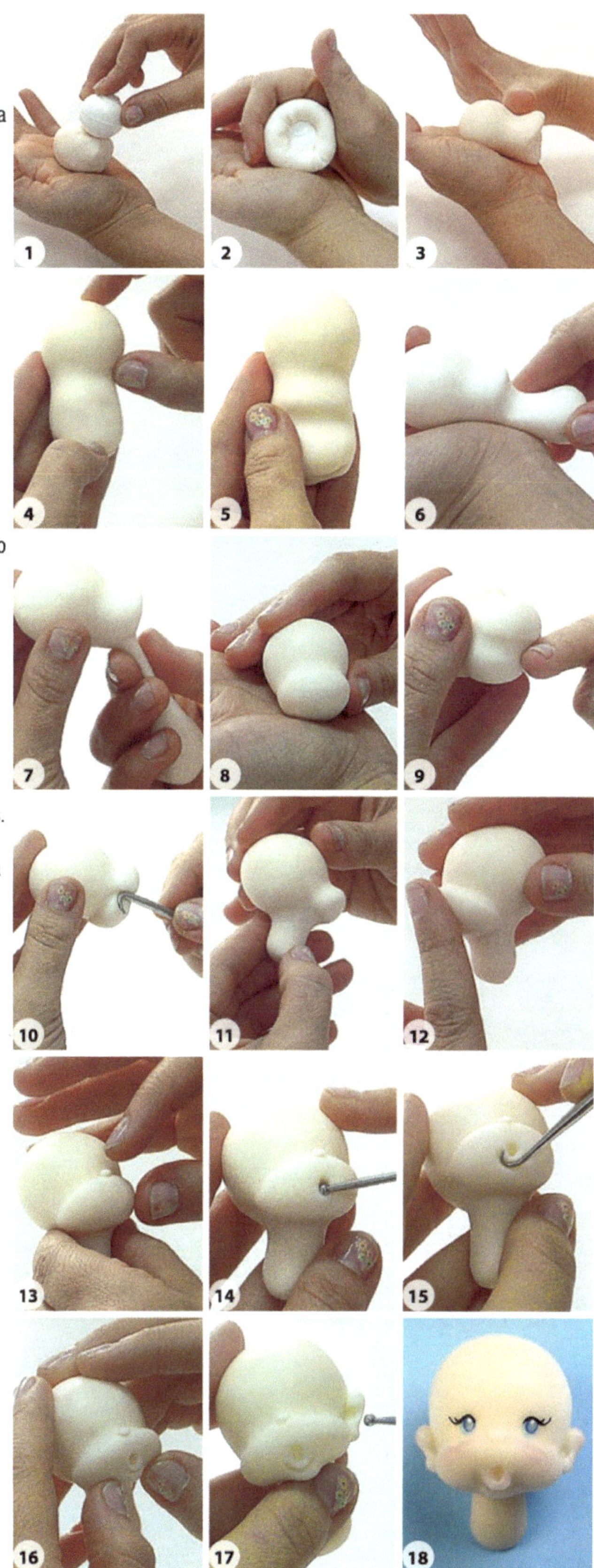

Profesora | **María Laura Rombolá**

Desde Japón

Un precioso y desafiante trabajo para una fiesta temática o simplemente para festejar la femineidad.

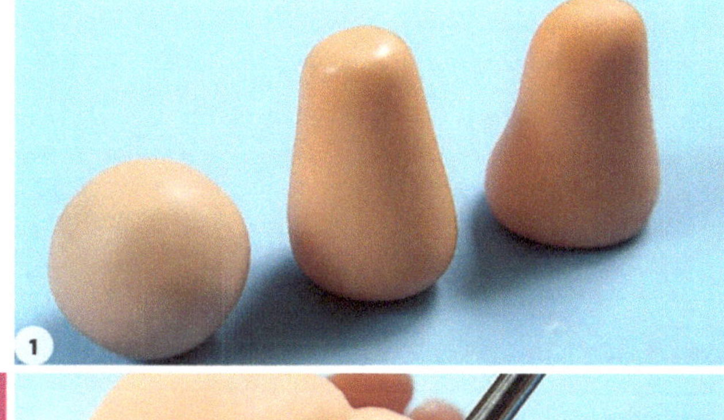

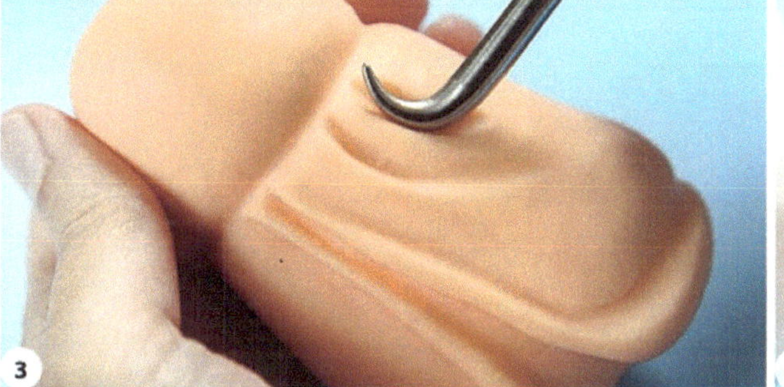

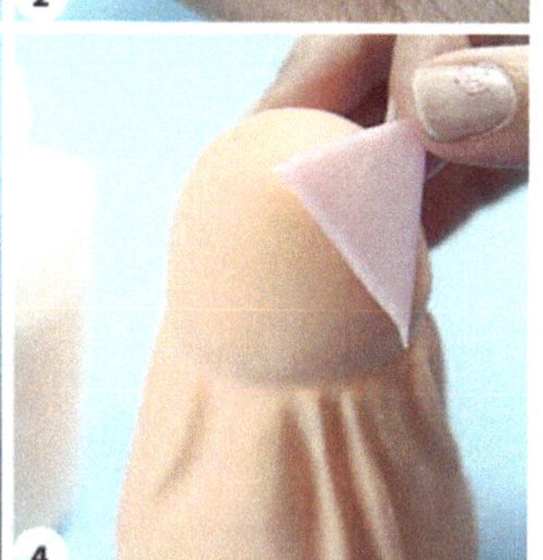

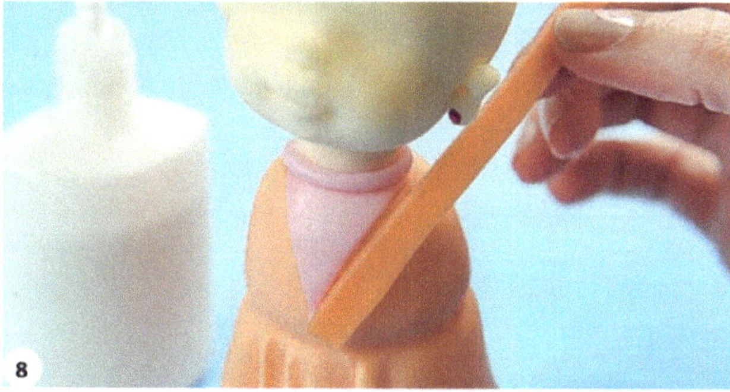

PASO 1 • Para el cuerpo de la geisha, modelar un rollo con inclinación en color naranja y darle base.

PASO 2 • Realizar una marca para la cintura y separar la división del kimono. Luego, suavizar los filos.

PASO 3 • Con la esteca de ganchito, hacer otra canaleta junto a la primera generando un borde para la división del kimono. Generar pliegues y redondear los filos.

PASO 4 • Cortar un triángulo de masa color rosa y ubicarlo en el escote del kimono.

PASO 5 • Para la cabeza, forrar una esfera con prolongación, separar el cuello y realizar la boca.

PASO 6 • Colocar aritos de strass en las orejas y pegar al cuerpo con un palillo de madera.

PASO 7 • Ubicar un rollito de masa rosa para disimular la unión del cuello con el cuerpo.

PASO 8 • Pegar una cinta naranja para el cuello del kimono con cola vinílica.

PASO 9 • Estirar una cinta ancha para la faja del kimono y aplicarle polvo nácar con el dedo para darle aspecto de tela de seda.

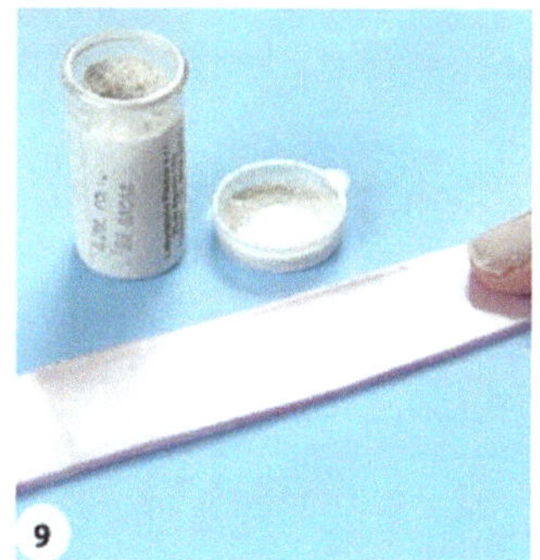

PASO 10 • Estirar una cinta del mismo ancho que la faja y plegarla sobre sí misma para formar la terminación de la faja.

PASO 11 • Adherir la faja sobre la cintura con cola vinílica.

PASO 12 • Aplicar la terminación de la faja en la espalda.

PASO 13 • Modelar dos manos básicas y dejar secar en la posición deseada, en este caso, sosteniendo una varilla.

PASO 14 • Realizar dos rollos con inclinación para las mangas con masa color naranja.

PASO 15 • Ahuecar de forma bien amplia la manga con los dedos o un bolillo grande.

PASO 16 • Flexionar el codo del brazo generando un pliegue y ahuecar el orificio para poner la mano.

PASO 17 • Pegar las manos a los brazos, presionar la caída de la manga para que se note el antebrazo.

PASO 18 • Adherir los brazos al costado del cuerpo.

PASO 19 • Colocar un casquito de masa negra para hacer el cabello.

PASO 20 • Hacer un orificio ubicado en el centro de la cabeza para utilizarlo como guía del texturado.

PASO 21 • Texturar el cabello llevando todas las líneas hacia el punto central.

PASO 22 • Modelar una bolita y con la ayuda de un bolillo hundir un punto central y luego, texturar llevando todas las líneas hacia el punto central.

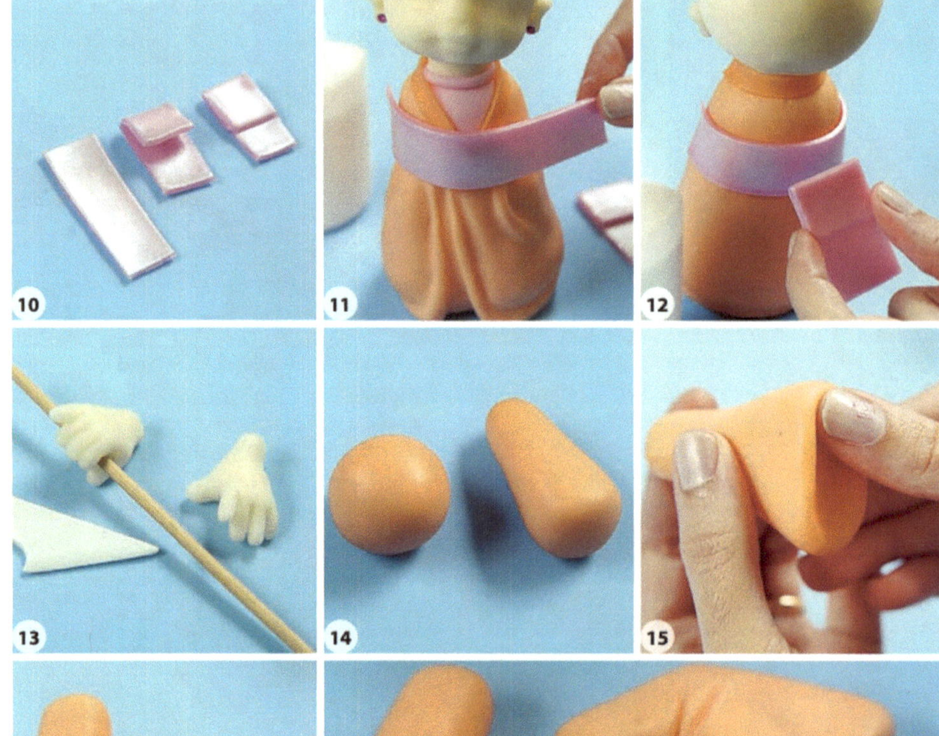

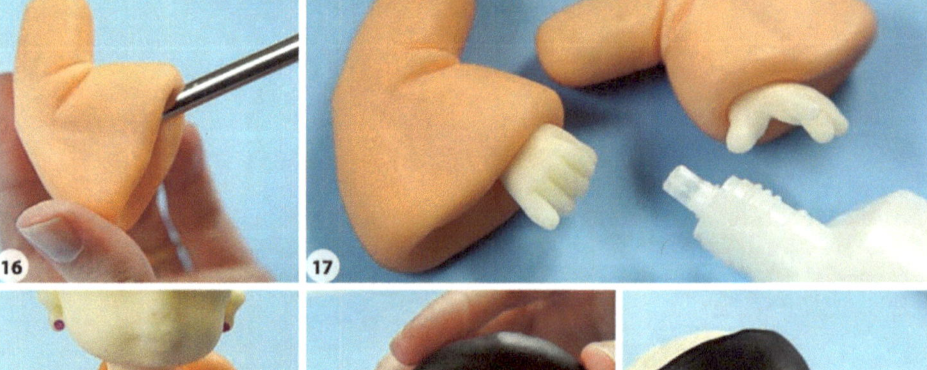

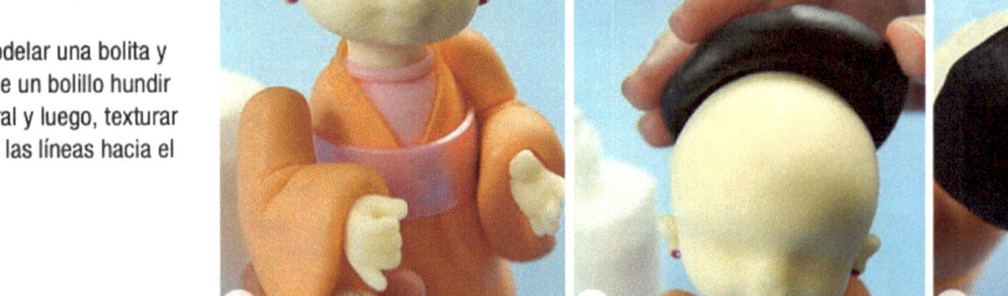

PASO 23 • Para completar los mechones del peinado, hacer 2 rollos de masa negra pequeños y uno más grande. Texturarlos con líneas paralelas.

PASO 24 • Colocar el rodete y los mechones texturados en la cabeza.

PASO 25 • Para los sujetadores del rodete, utilizar escarbadientes y decorarlos con una bolita en la punta color naranja.

PASO 26 • Colocar el sujetador en el rodete y por la parte inferior del mismo, colocar otro palillo para que parezca que lo están atravesando.

PASO 27 • Pegar un peinetón decorado con strass en la cabeza.

PASO 28 • Para las sandalias, hacer un rollo corto rosa y hundir la zona donde van los dedos, para la media modelar un rollo con inclinación color blanco. Generar una canaleta para separar el dedo gordo del resto de los dedos y completar este espacio con un rollito de color rosa. Pegar la media en el espacio de la sandalia.

PASO 29 • Pegar las sandalias al cuerpo con cola vinílica.

PASO 30 • Para el paraguas, estirar una tira de masa blanca y forrar un palo de brochette de la altura deseada para el paraguas.

PASO 31 • Colocar una bolita de masa blanca en el extremo del palo e insertar ocho palos para las varillas del paraguas.

PASO 32 • Cortar un círculo de servilleta para découpage y separar las capas de papel.

PASO 33 • Pegar el círculo de servilleta a las varillas.

PASO 34 • Adherir las tiras de color rosa para decorar las varillas del paraguas.

PASO 35 • Aplicar puntilla al borde del paraguas.

PASO 36 • Colocar stickers decorativos al borde del kimono y en las mangas.

PASO 37 • Colorear los labios con una microfibra rosa, y pintar los ojos con marcadores.

PASO 38 • Pegar el paraguas a la mano con cola vinílica.

PASO 39 • Para el árbol, cortar alambres de diferentes medidas.

PASO 40 • Sujetar los alambres con cinta de papel y modelarlos como para imitar las ramas de un árbol y las raíces dejando uno de los alambres hacia abajo para poder clavarlo a la base. Forrarlos con cinta de enmascarar para evitar que la humedad de la masa los oxide. Dejar sin forrar los que vamos a usar para clavar en la base.

PASO 41 • Estirar masa gruesa color marrón y envolver el tronco, las ramas y las raíces en su totalidad.

PASO 42 • Fundir las uniones con una toallita húmeda.

PASO 43 • Con una esteca de punta curva, texturar la corteza del tronco.

PASO 44 • Para generar el volumen de las flores, aplicar trozos de masa maciza en distintos sectores sin tapar las extremidades de las ramas.

PASO 45 • Cortar flores en la gama de rosas y fucsias. Con un bolillo pequeño, hacer presión en el centro para que la flor tenga volumen.

PASO 46 • Aplicar las flores a los trozos de masa rosa.

PASO 47 • Tonalizar el centro de las flores más oscuras con un tonalizador en polvo fucsia.

PASO 48 • Para la base de la maqueta, tallar telgopor generando desniveles en el terreno, dibujar el camino y tallarlo en forma de cuña.

PASO 49 • Lijar todas las superficies talladas.

PASO 50 • Forrar la base primero abajo y luego, arriba para evitar que se arquee el telgopor. La masa tiene que ser gruesa.

PASO 51 • Marcar el surco del camino.

PASO 52 • Con los dedos, generar desniveles en el terreno, con diferentes gamas de verdes. Aplicar fundiendo al verde de la base para generar diferentes tonos en la vegetación. Con una toallita húmeda, integrar esos colores.

PASO 53 • Texturar con el cepillo de cerda gruesa.

PASO 54 • Con trozos de corteza de tronco, generar una escalinata. Decorar la base con flores del mismo tono que el árbol.

PASO 55 • Pegar el árbol a la base clavando los alambres.

PASO 56 • Fijar la geisha a la base con cola vinílica.

SOUVENIRS

Repetir el procedimiento de la geisha en un tamaño más chico.

PASO 57 • Para la base de los souvenirs, utilizar rodajas de tronco.

PASO 58 • Pegar masa verde y texturar con cepillo.

PASO 59 • Para simplificar el paragüitas, utilizar sombrillas de papel de los sorbetes que se utilizan para tragos.

PASO 60 • Decorar la base de los souvenires con hojitas y flores.

Profesora | **María Fernanda De Luca**

Comunión

Una preciosa capilla para centro de mesa
o para colocar en la torta de Comunión.

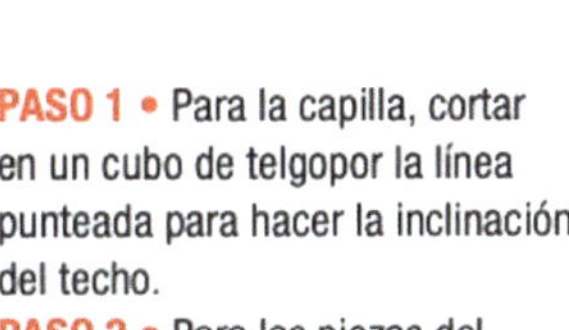

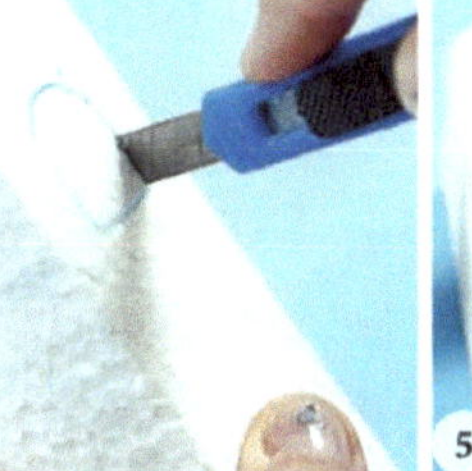

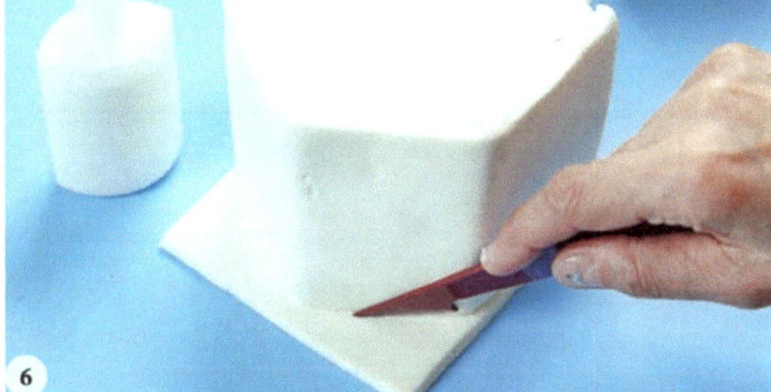

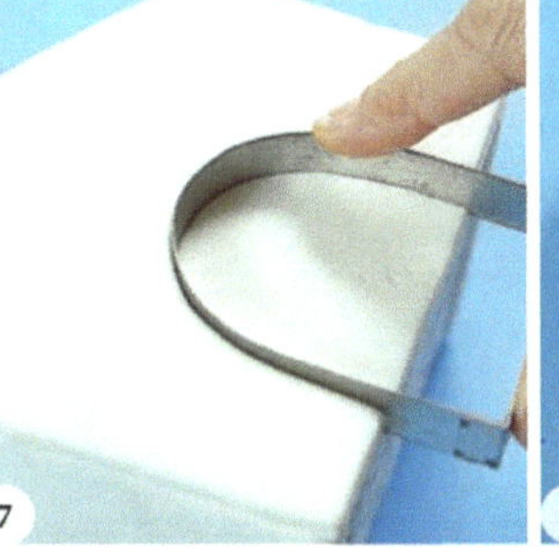

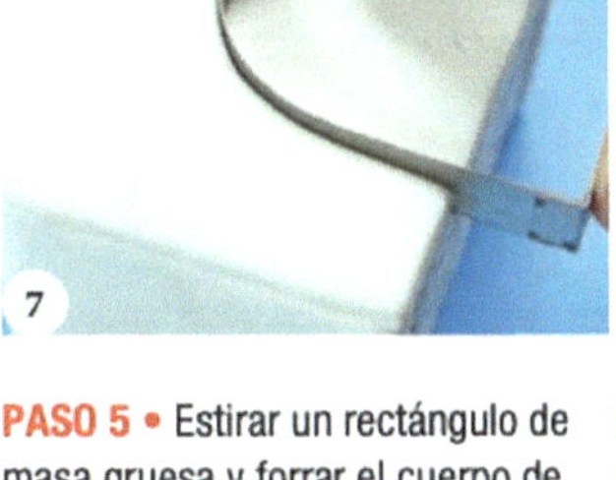

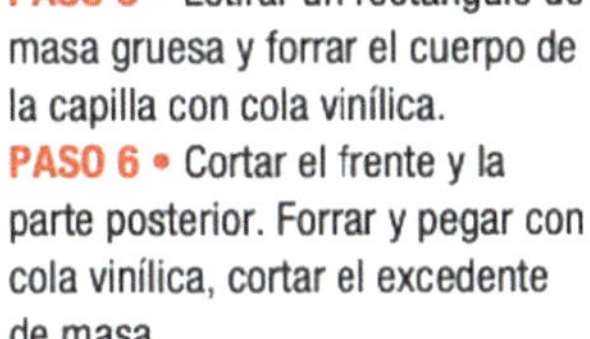

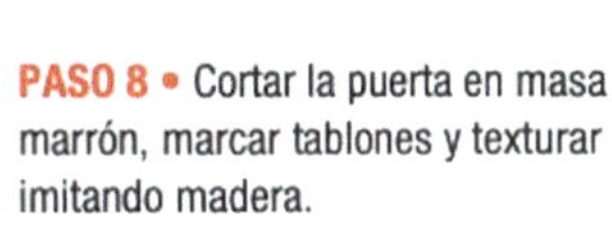

PASO 1 • Para la capilla, cortar en un cubo de telgopor la línea punteada para hacer la inclinación del techo.

PASO 2 • Para las piezas del campanario utilizar un prisma y una pirámide de telgopor.

PASO 3 • Calar la puerta en el frente del cuerpo de la capilla con cortante para dar profundidad de 1 cm.

PASO 4 • Para la ventana del campanario, calar atravesando el prisma de lado a lado con cúter generando un hueco para poder colocar luego, la campana.

PASO 5 • Estirar un rectángulo de masa gruesa y forrar el cuerpo de la capilla con cola vinílica.

PASO 6 • Cortar el frente y la parte posterior. Forrar y pegar con cola vinílica, cortar el excedente de masa.

PASO 7 • En el frente, calar la puerta, es decir, quitar masa blanca.

PASO 8 • Cortar la puerta en masa marrón, marcar tablones y texturar imitando madera.

PASO 9 • Adherir la puerta en el frente de la capilla.

PASO 10 • Cortar una tira de masa, texturar y colocar alrededor de la puerta a modo de marco.

PASO 11 • Cortar las ventanas, marcar línea central para generar dos tablones y texturar con esteca.

PASO 12 • Aplicar en la capilla en los dos laterales, una ventana del lado del campanario y dos ventanas en el otro lado.

PASO 13 • Con masa blanca, forrar el campanario, dejando la unión en uno de filos del prisma.

PASO 14 • Calar la ventana y forrar con masa blanca el hueco.

PASO 15 • Adherir a un costado de la capilla el campanario con palillos.

PASO 16 • Para el techo, estirar masa gruesa marrón y cortar los bordes con cortante de onditas grande.

PASO 17 • Marcar costuritas con ruedita para formar las tejas.

PASO 18 • Calar el sector donde va el campanario.

PASO 19 • Adherir a la capilla con cola vinílica.

PASO 20 • Cortar el mismo techo pero más angosto y marcar costuritas

PASO 21 • Aplicar sobre la capilla y pegar.

PASO 22 • Repetir colocando un techo más angosto.

PASO 23 • Forrar la base del techo del campanario (prisma) con un cuadrado de masa marrón.

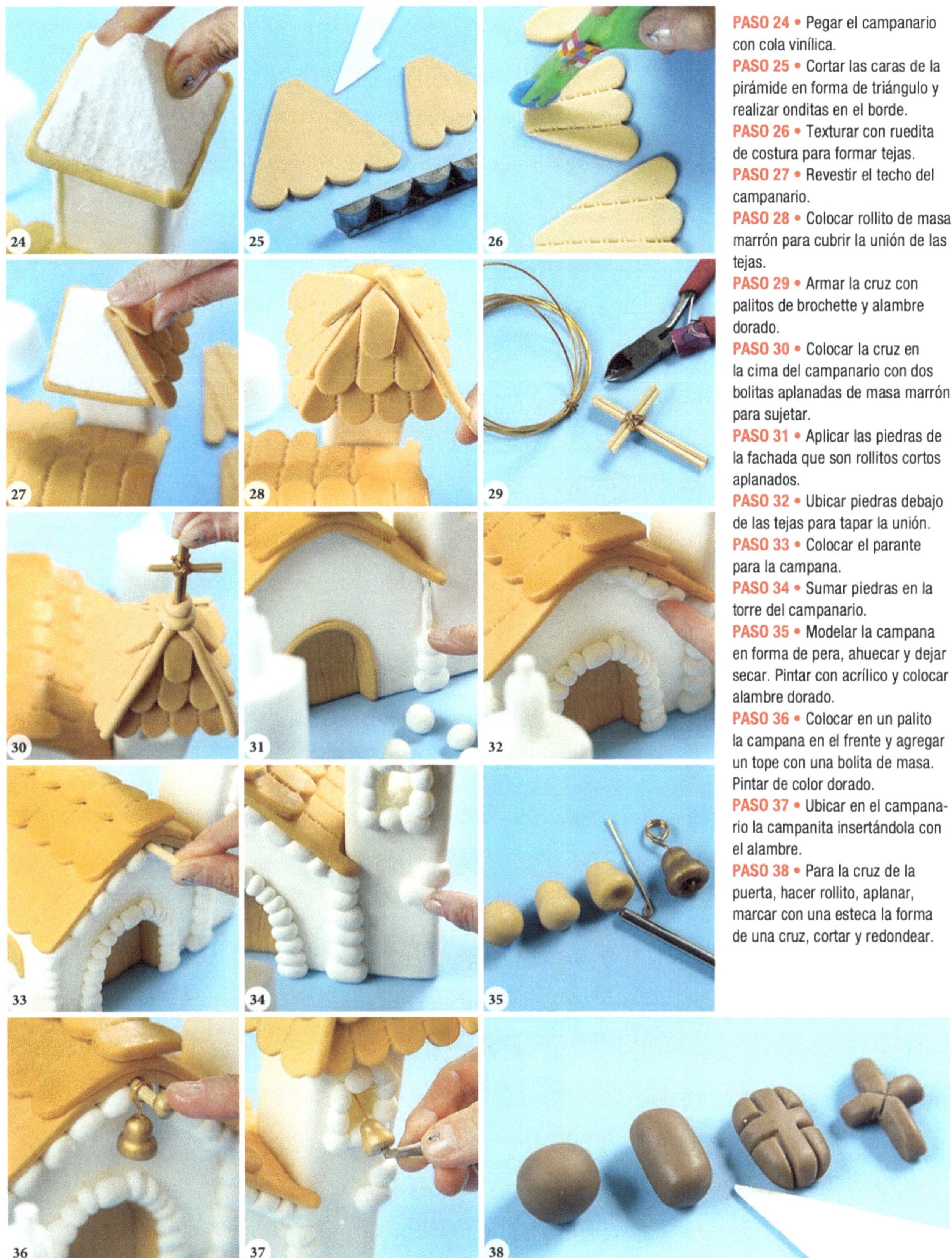

PASO 24 • Pegar el campanario con cola vinílica.

PASO 25 • Cortar las caras de la pirámide en forma de triángulo y realizar onditas en el borde.

PASO 26 • Texturar con ruedita de costura para formar tejas.

PASO 27 • Revestir el techo del campanario.

PASO 28 • Colocar rollito de masa marrón para cubrir la unión de las tejas.

PASO 29 • Armar la cruz con palitos de brochette y alambre dorado.

PASO 30 • Colocar la cruz en la cima del campanario con dos bolitas aplanadas de masa marrón para sujetar.

PASO 31 • Aplicar las piedras de la fachada que son rollitos cortos aplanados.

PASO 32 • Ubicar piedras debajo de las tejas para tapar la unión.

PASO 33 • Colocar el parante para la campana.

PASO 34 • Sumar piedras en la torre del campanario.

PASO 35 • Modelar la campana en forma de pera, ahuecar y dejar secar. Pintar con acrílico y colocar alambre dorado.

PASO 36 • Colocar en un palito la campana en el frente y agregar un tope con una bolita de masa. Pintar de color dorado.

PASO 37 • Ubicar en el campanario la campanita insertándola con el alambre.

PASO 38 • Para la cruz de la puerta, hacer rollito, aplanar, marcar con una esteca la forma de una cruz, cortar y redondear.

PASO 39 • Pegar la cruz a la puerta y colocar bolita como picaporte.

PASO 40 • Modelar una maceta, marcar una canaleta en la parte superior de bolita, redondear, hacer el borde presionando y ahuecar.

PASO 41 • Colocar pastito en las macetas, texturar con un bolillo y fijar con un palito de brochette.

PASO 42 • Forrar la esfera de verde, texturar la copa del arbusto usando cepillo de cerda dura.

PASO 43 • Armar el arbolito pegando la esfera al palito de la maceta.

PASO 44 • Para las rodajas de árbol, hacer un rollo de marrón claro y forrarlo con masa marrón oscuro, texturar imitando madera. Dejar secar durante 24 hs.

PASO 45 • Cortar con cúter el tronco seco para hacer las rodajas.

PASO 46 • Modelar un rollo finito para hacer la enredadera, pegarla en la fachada. Luego, agregarle florcitas.

PASO 47 • Texturar la enredadera con un bolillo pequeño.

PASO 48 • Forrar una base de telgopor con masa verde gruesa.

PASO 49 • Texturar la base con cepillo de cerda dura.

PASO 50 • Pegar la capilla a la base. Colocar los maceteros en el frente, decorar con flores y rodajas de tronquitos.

PASO 51 • Disimular la unión de la capilla con la base agregando pastito y flores.

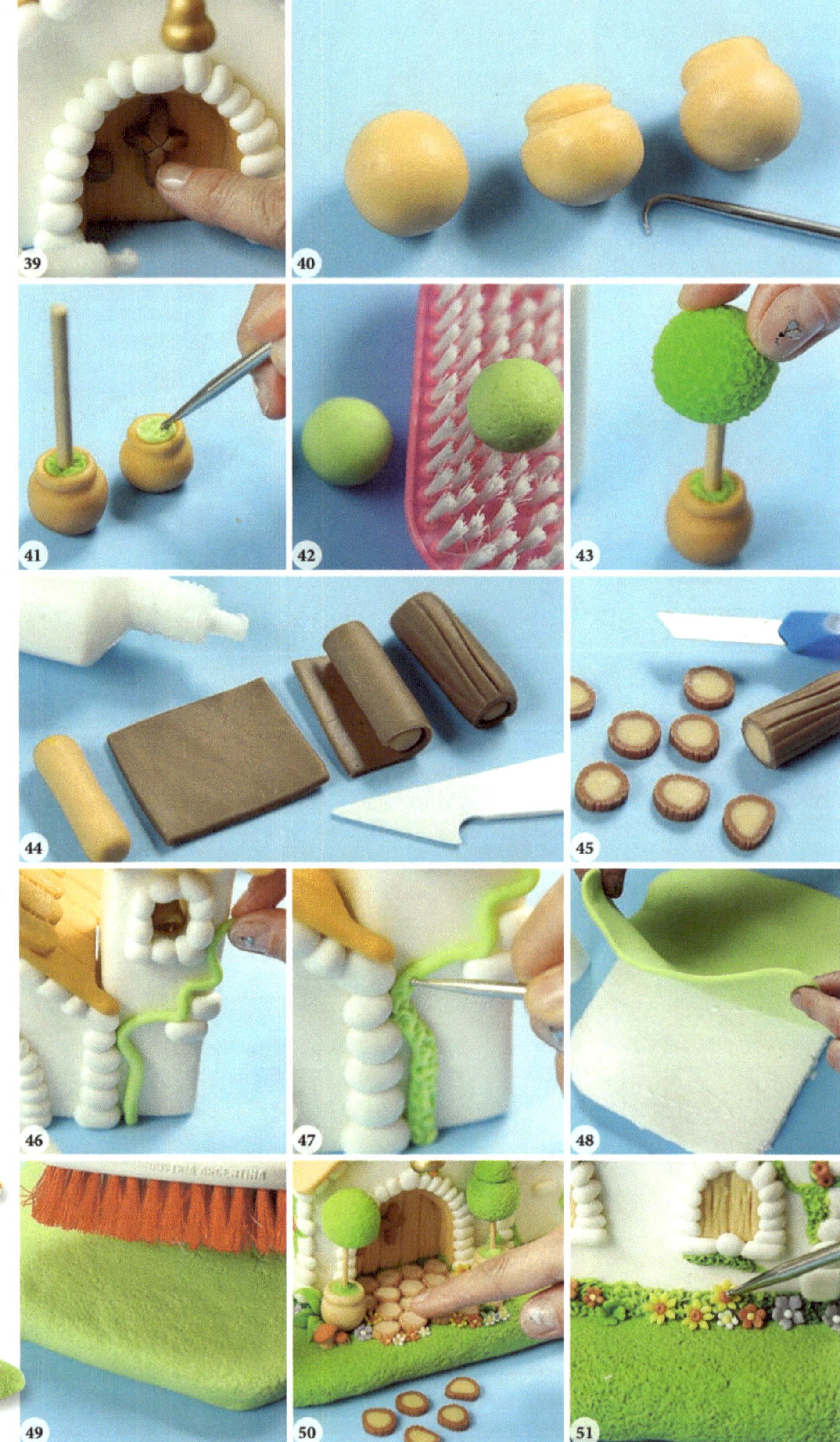

Boda elegante

Perfectos y elegantes para adornar la torta y entregar como recuerdo de una boda inolvidable.

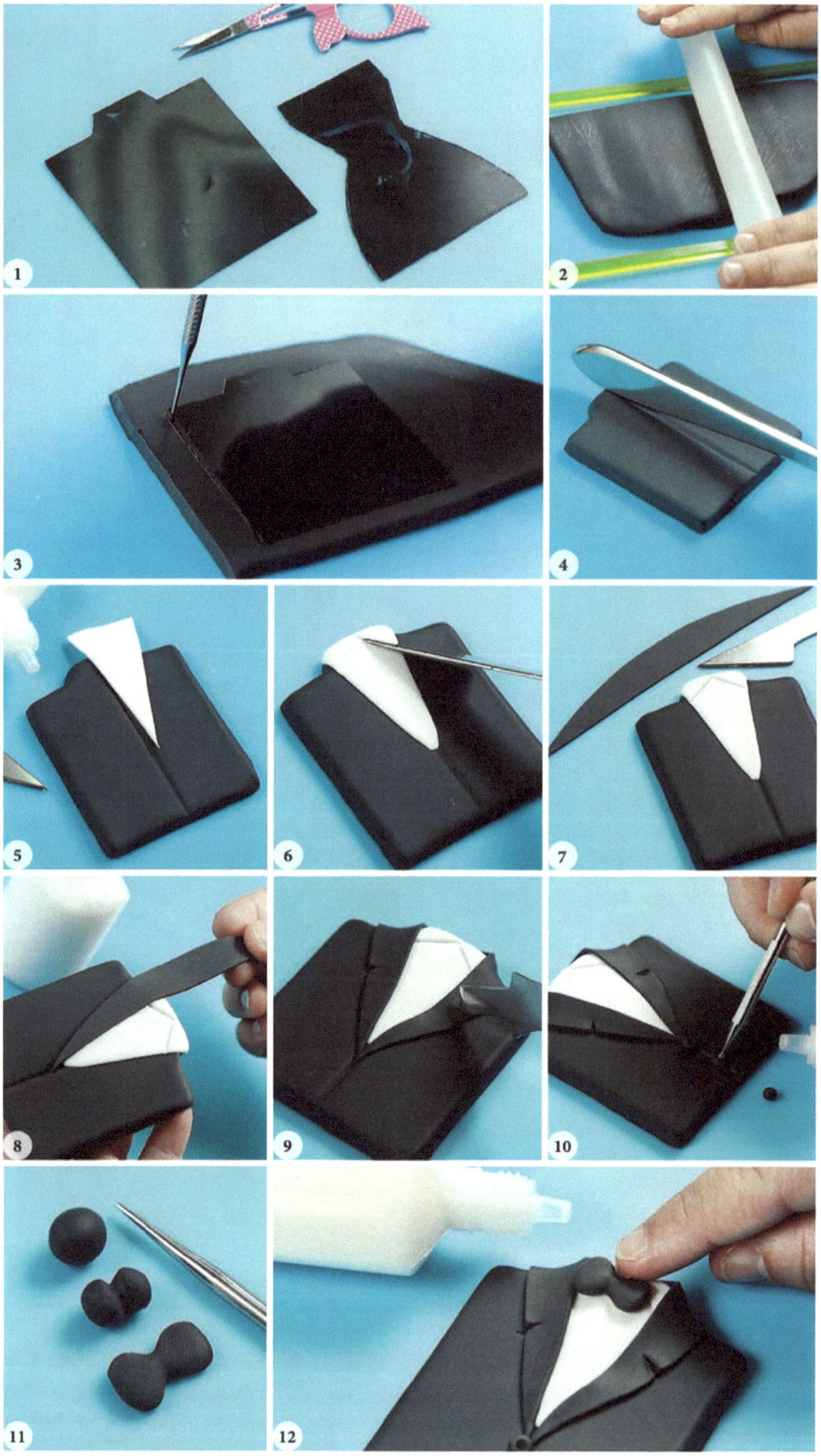

PASO 1 • Realizar los moldes de los torsos en placas radiográficas.

PASO 2 • Estirar masa para el traje del hombre utilizando las varillas niveladoras.

PASO 3 • Cortar la silueta del traje del hombre con la ayuda de una esteca.

PASO 4 • Dividir el saco a la mitad.

PASO 5 • Estirar masa de color blanca y cortar un triangulito para simular la camisa.

PASO 6 • Realizar unaz "V" invertida con una esteca, para simular el cuello de la camisa.

PASO 7 • Estirar masa de color negro y cortar una medialuna larga para la solapa.

PASO 8 • Pegar sobre el borde de la camisa con cola vinílica.

PASO 9 • Insinuar el corte de la solapa con la ayuda de una esteca.

PASO 10 • Pegar bolitas para simular los botones y ahuecar el centro con el bolillo.

PASO 11 • Modelar el moño dividiendo una bolita a la mitad y aplanar las dos bolitas.

PASO 12 • Pegar el moño con cola vinílica.

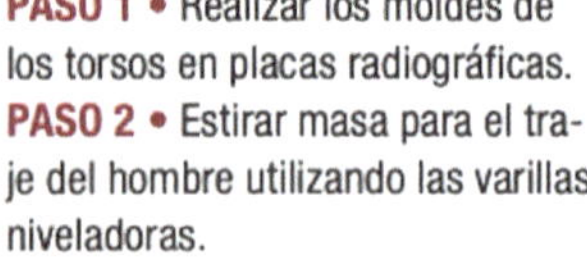

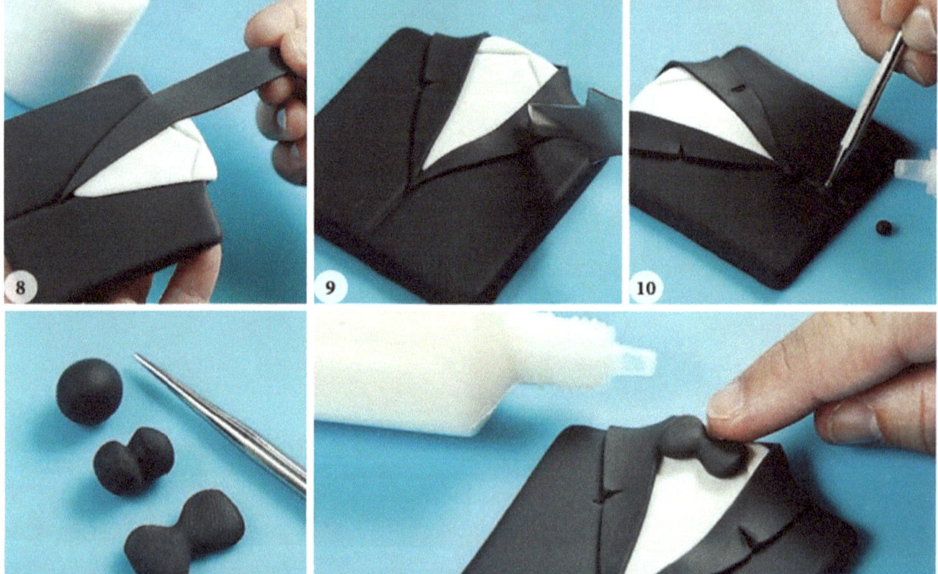

PASO 13 • Estirar masa de color blanco para el vestido de la novia.

PASO 14 • Cortar la silueta del vestido con la ayuda del molde.

PASO 15 • Marcar una línea en la parte superior con la esteca.

PASO 16 • Simular el movimiento del vestido con la ayuda de la esteca.

PASO 17 • Estirar masa y cortar una tirita para el cinto, pegar sobre la cintura.

PASO 18 • Decorar con strass y una florcita de goma. Las flores de goma pueden ser reemplazadas por flores hechas en porcelana con la ayuda de un molde silicona.

PASO 19 • Para pegar las siluetas se utiliza un recipiente de vidrio.

PASO 20 • Pegar las siluetas en el frente del vaso con cola vinílica.

PASO 21 • Para la bolsita de gasa cristal, se debe cortar un círculo de gasa y debemos coser los bordes para que no se deshilache. Pasar una cinta de razo blanca fina para poder fruncir la bolsa.

TIP: si no se desea coser el borde del círculo de gasa, se le puede colocar cola vinílica para que no se deshilache.

PASO 22 • Rellenar la bolista con confites de almendra.

PASO 23 • Cerrar la bolsita y colocar dentro del vaso.

PASO 24 • Otra opción es realizar bolsitas y rellenarlas con arroz.

PASO 25 • Pegar en el frente el torso del hombre o de la mujer.

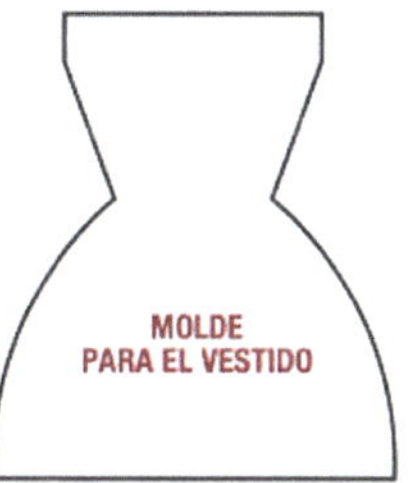

Profesora | María **Fernanda De Luca**

Cruces angelicales

Perfectas para un souvenir de Comunión
o de Bautismo, estas cruces de ángeles serán
colgadas en todos los hogares.

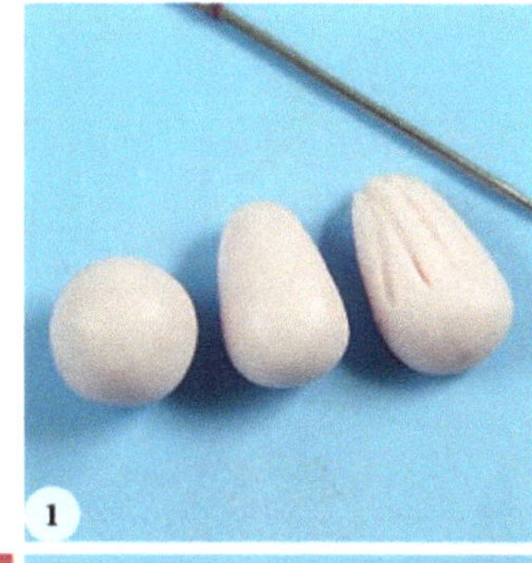

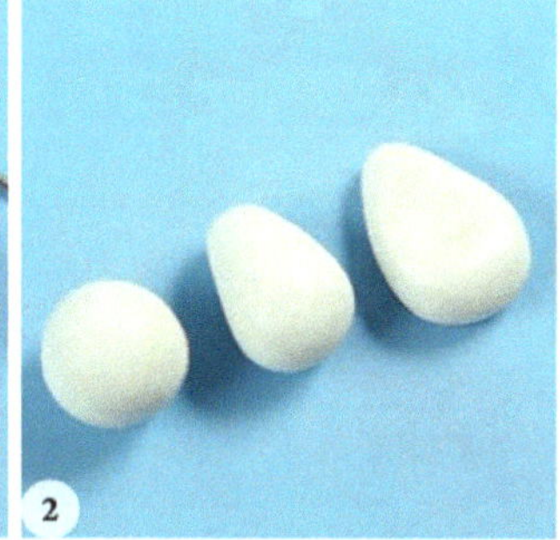

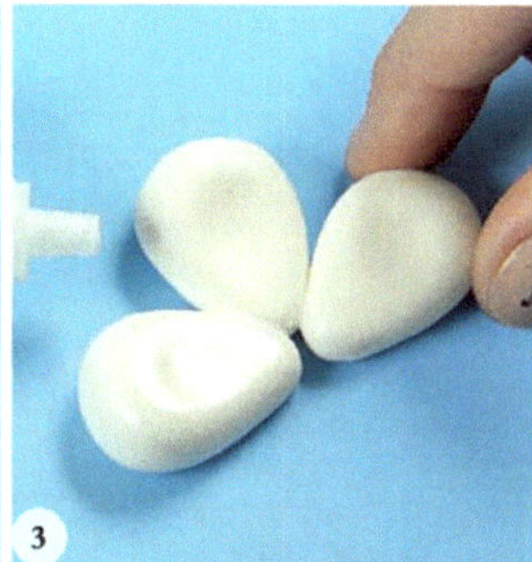

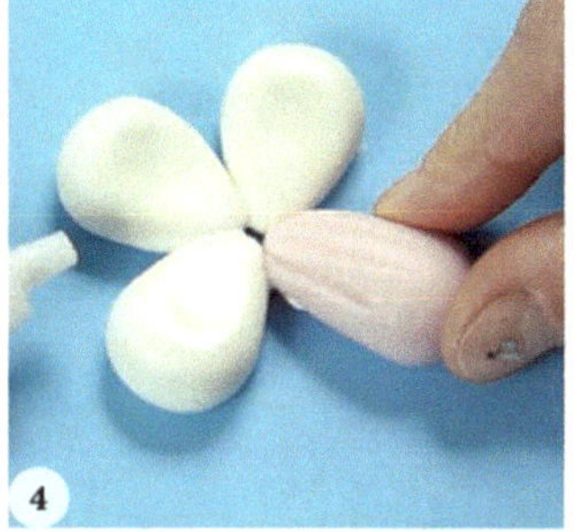

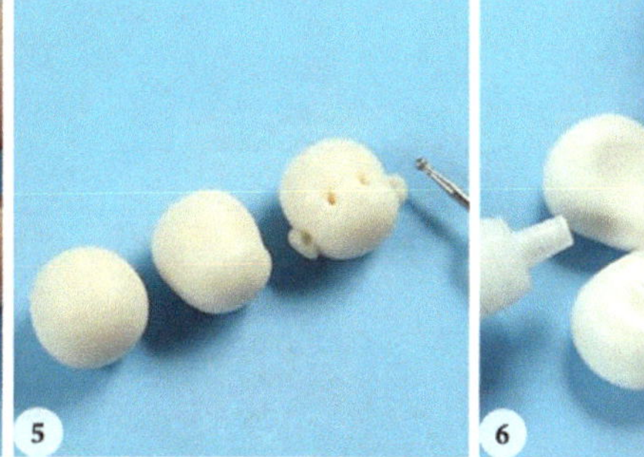

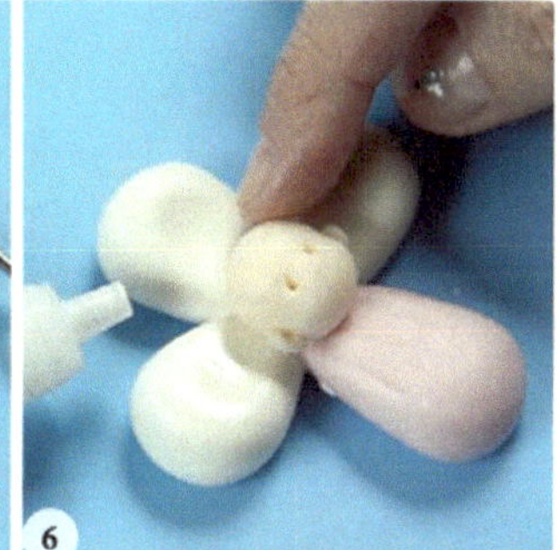

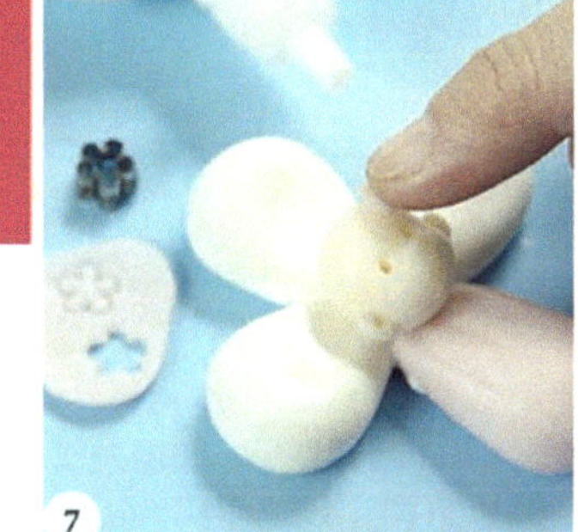

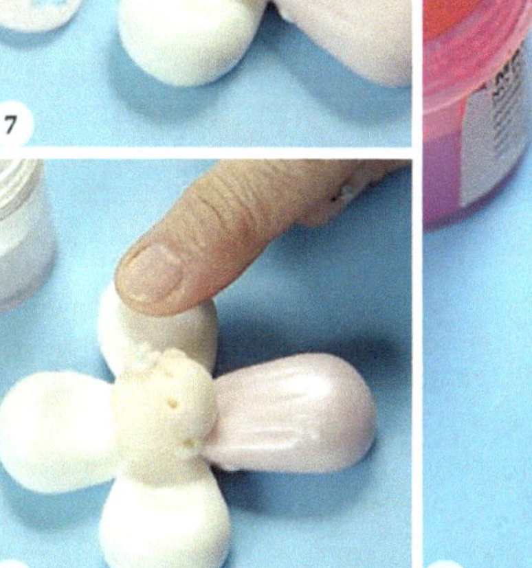

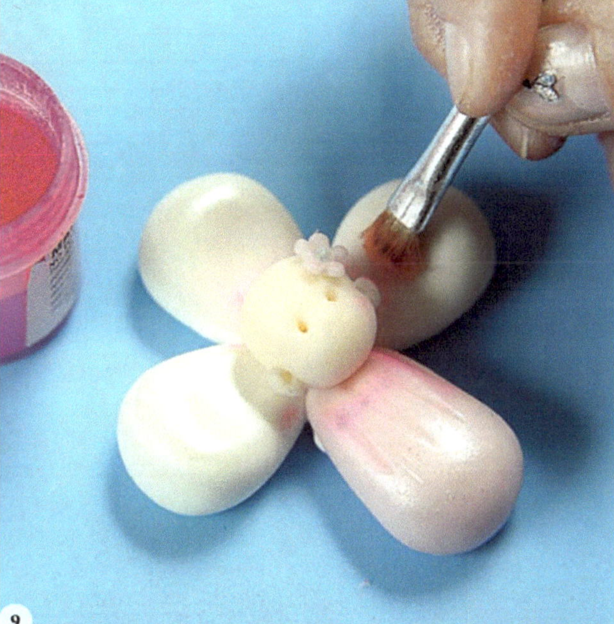

PASO 1 • Modelar una lágrima rosa para el cuerpo, aplanar y marcar arrugas.

PASO 2 • Hacer dos lágrimas blancas para las alas, aplanar y ahuecar con el dedo en el centro.

PASO 3 • Realizar otra lágrima blanca para la aureola igual que las alas. Armar y pegar.

PASO 4 • Pegar el cuerpo en forma de cruz con cola vinílica.

PASO 5 • Modelar una carita básica color piel, colocar nariz y orejas. Marcar los ojos con un bolillo.

PASO 6 • Pegar la cabeza en el centro de la cruz.

PASO 7 • Colocar una flor en la cabeza con una perlita en el centro.

PASO 8 • Aplicar polvo de nácar blanco antes de que seque, así se adhiere bien.

PASO 9 • Colocar polvo tonalizador rosa con pincel para dar profundidad.

PASO 10 • Pegar colita de ratón dorada por detrás y tapar unión con masa blanca.

Profesora | **Nanci Arrúa**

Fanáticas por la música

Un precioso conjunto de guitarristas lookeadas en tonos violetas y lilas.

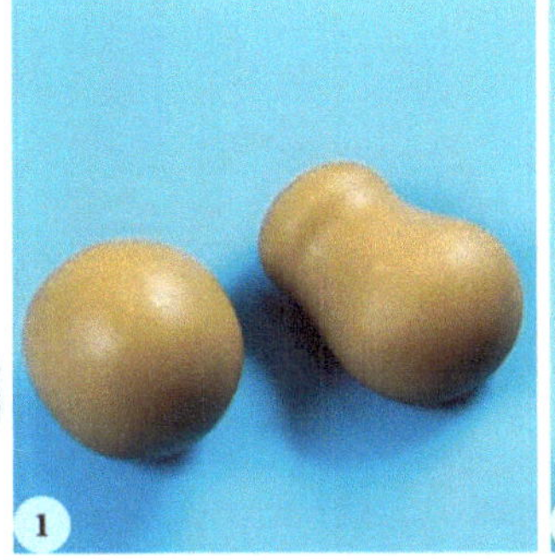

MATERIALES

- **Porcelana fría: 1 kg** (para 5 souvenirs)
- **Esferas N°3**
- **Pigmento para porcelana:** naranja flúo, blanco y violeta
- **Óleo siena natural**
- **Estecas y bolillos**
- **Tijera**
- **Marcadores**
- **Palillo de madera**
- **Palo de amasar**
- **Cola vinílica**
- **Cinta de gasa color lila**
- **Hilo y aguja**
- **Toallitas húmedas**
- **Rubor**
- **Cortante redondo**
- **Strass**
- **Ojos autoadhesivos**

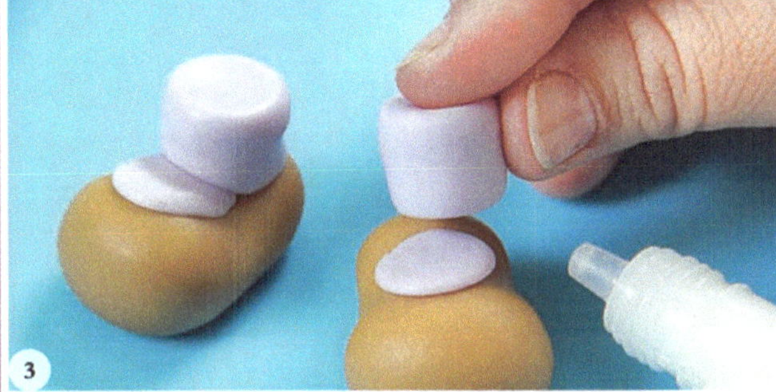

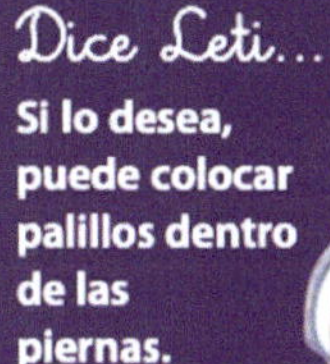

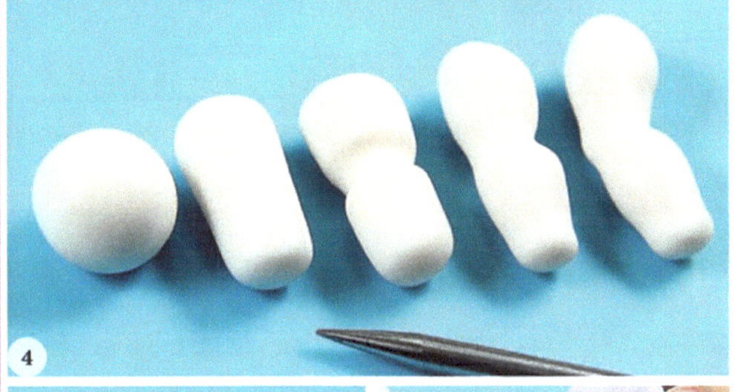

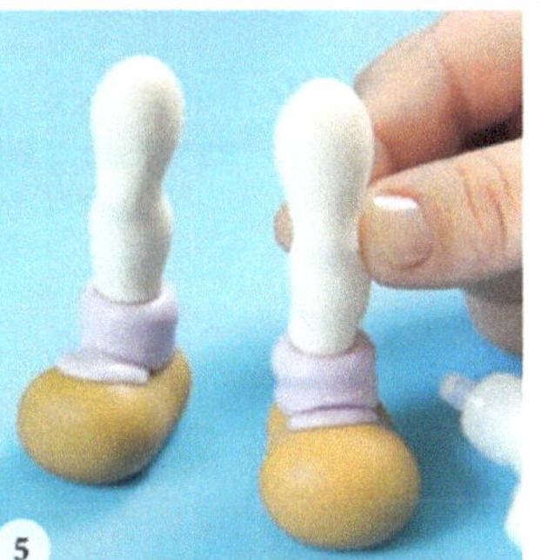

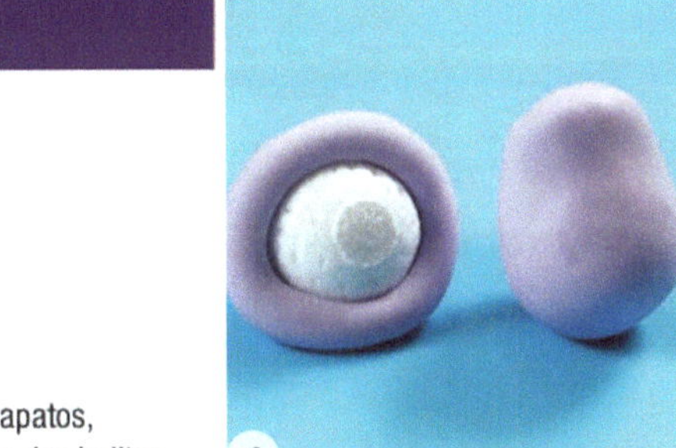

PASO 1 • Para los zapatos, modelar partiendo de dos bolitas y dividirlas dando forma de perita. Luego, darles base.

PASO 2 • Para las medias, partir de dos bolitas, realizar dos rollitos cortitos y darles base (como una ruedita). Estirar masa y cortar dos círculos del mismo color de las medias con un cortante redondo.

PASO 3 • Pegar las medias a los zapatos con cola vinílica.

PASO 4 • Para las piernas, realizar dos rollitos inclinados, dividir en dos para marcar la rodilla en el medio de ambas partes.

PASO 5 • Adherir las piernas a las medias con cola vinílica.

PASO 6 • Para el cuerpo, forrar una esfera con prolongación.

PASO 7 • Fijar el cuerpo a las piernas.

PASO 8 • Modelar la cabeza con la técnica básica. Marcar el labio inferior con una esteca y un bolillo.

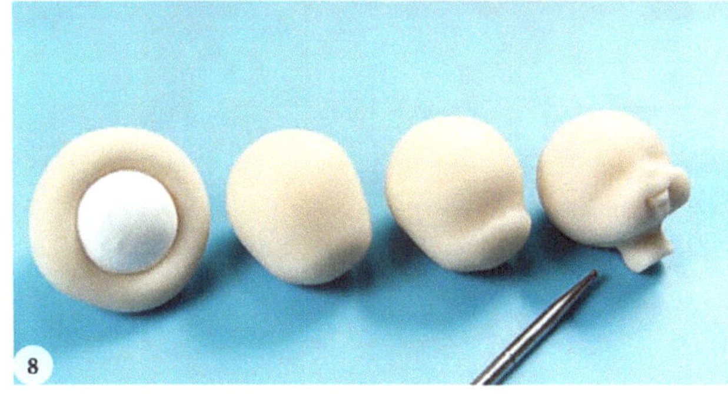

PASO 9 • Adherir la cabeza al cuerpo con un palillo y cola vinílica.

PASO 10 • Hacer un rollito de masa finito para tapar la unión del cuerpo y el cuello.

PASO 11 • Para los brazos, partir de un rollito, dividir el mismo a la mitad donde se ubica el codo. Luego, volver a dividir una de estas mitades, dejando una porcion de masa para realizar la manopla.

PASO 12 • Pegar los brazos al cuerpo con el movimiento deseado.

PASO 13 • Colocar los ojos autoadhesivos.

PASO 14 • Estirar masa del color de los zapatos y cortar dos tiritas, pegar las mismas sobre el zapato. Decorar con strass que simulan ser botones.

PASO 15 • Para el pelo, hacer una bolita y colocar el casquito de color marrón.

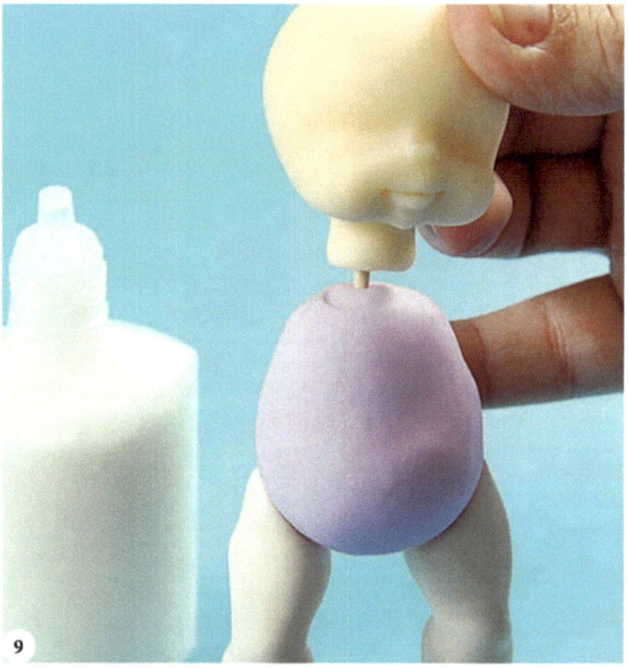

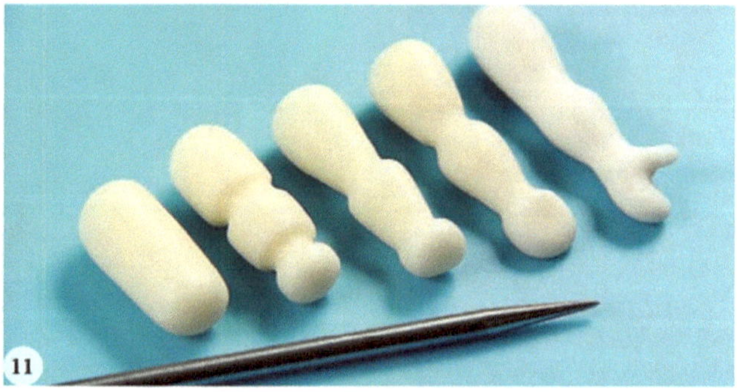

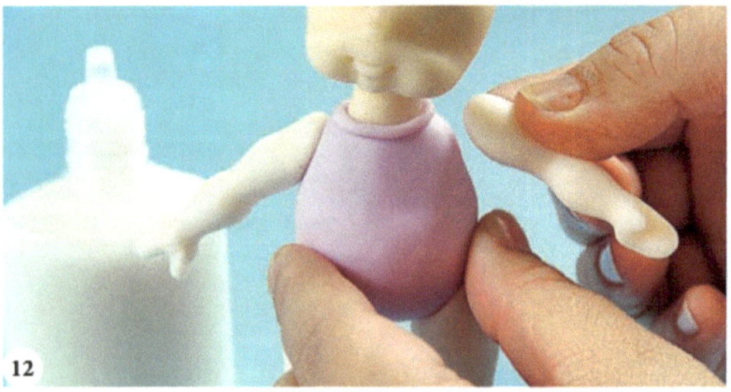

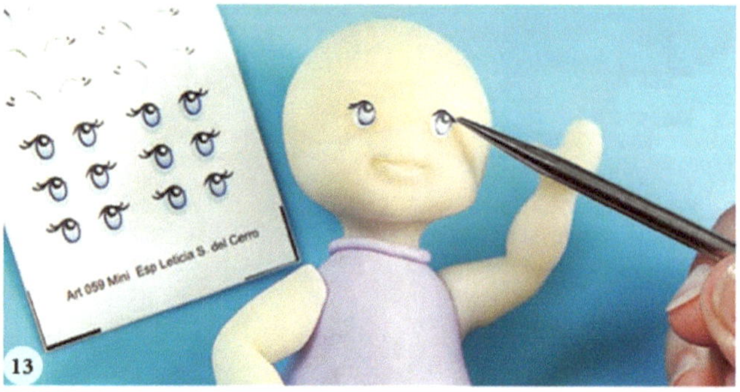

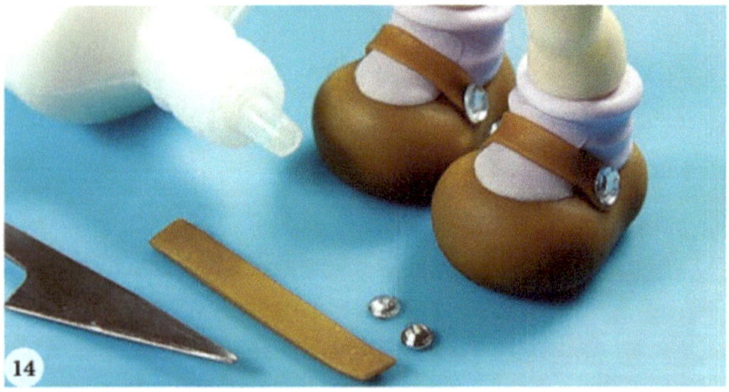

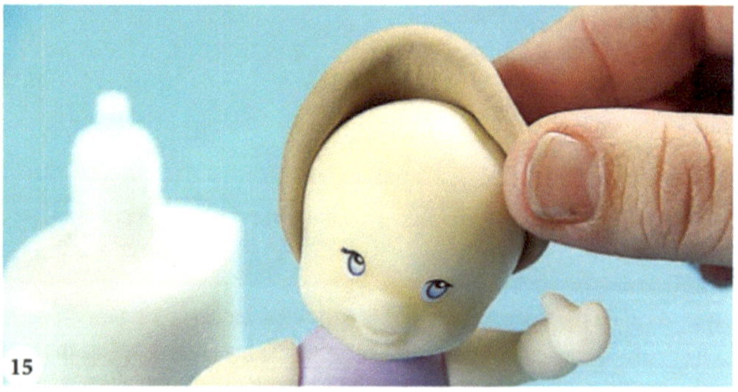

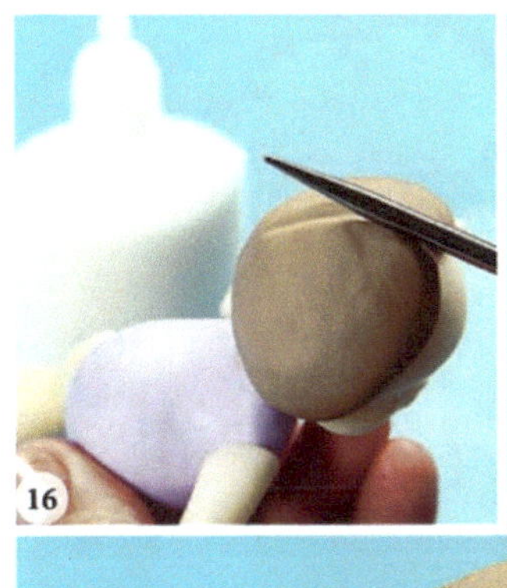

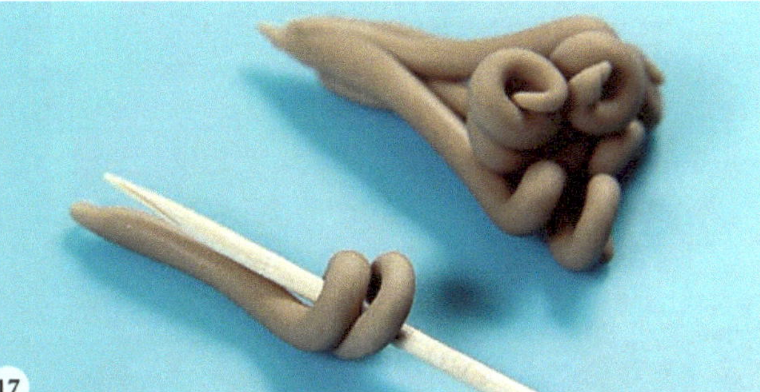

PASO 16 • Dividir el casquito a la mitad para simular la línea del medio.

PASO 17 • Modelar los rulos partiendo de rollitos de masa que tengan uno de los extremos finos y enroscar en las puntas con un palillo.

PASO 18 • Para las colitas, agrupar la cantidad deseada de rulitos y pegar a la cabeza.

PASO 19 • Para el flequillo, pegar varios rulitos de lado a lado.

PASO 20 • Para la pollerita, fruncir una cinta de gasa color lila con aguja e hilo.

PASO 21 • Adherir la pollera con cola vinílica.

ACCESORIOS

PASO 22 • Para la guitarra, estirar masa, cortar la silueta y decorarla a gusto.

PASO 23 • Para los auriculares, estirar masa para la cinta y cortar dos circulitos con un cortante redondo.

PASO 24 • Pegar la guitarra con cola vinílica.

PASO 25 • Adherir los auriculares con cola vinílica.

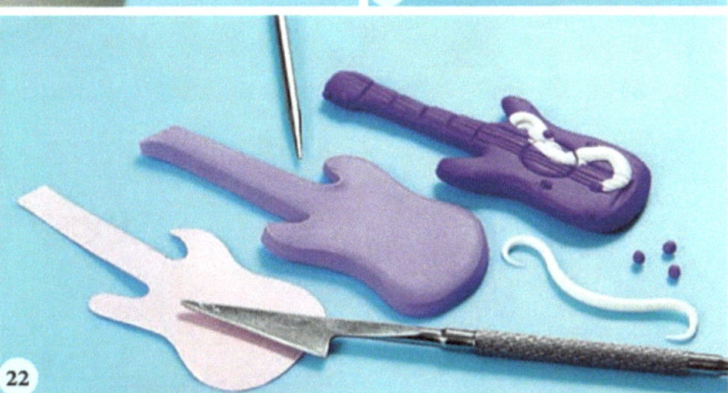

PARA LA BASE

Estirar masa gruesa de color lila, cortar un círculo con un cortante redondo y realizar onditas con un bolillo.

Profesora | **Natalia Bergés**

Saltarines

Preciosos y llamativos souvenirs recreando uno de los juguetes preferidos de los más pequeños, ideales para el festejo de primer añito.

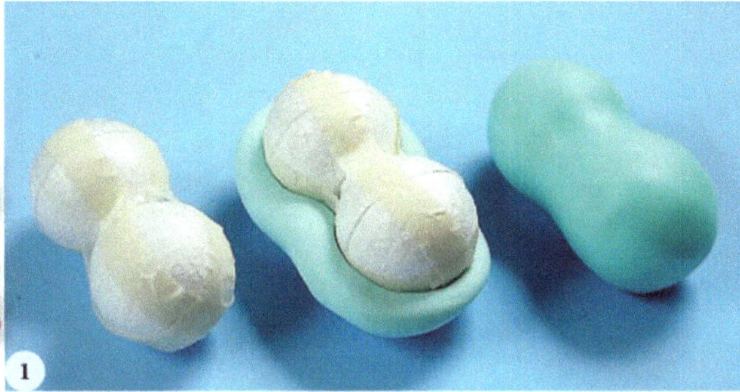

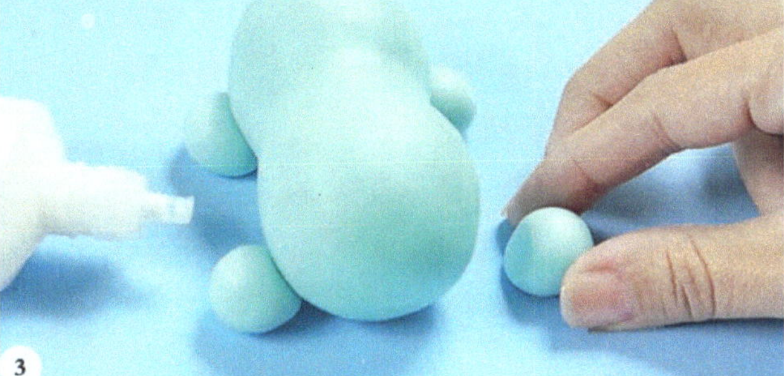

MATERIALES

- Porcelana fría 1.100kg
- Esferas Nº 2, 3 y 4
- Cola vinílica
- Palo de amasar
- Estecas
- Toallitas húmedas
- Colores: naranja flúo, naranja permanente, amarillo oro, esmeralda, fucsia, rosa flúo, verde manzana, siena natural
- Ojos autoadhesivos
- Moldes de silicona
- Palos de brochettes
- Cinta de enmascarar
- Strass autoadhesivos

PASO 1 • Para el cuerpo del muñeco saltarín, unir dos esferas con un palillo y asegurar con cinta de enmascarar; forrar con masa color verde.

PASO 2 • Realizar las patas formando bolitas color verde.

PASO 3 • Pegar con cola vinílica las patas al cuerpo.

PASO 4 • Realizar la cabeza dejando la parte de la trompa pequeña, hacer la boca con una esteca de punta curva y darle profundidad en el sector de los ojos.

PASO 5 • Realizar un rollito derecho color verde para el cuello, pegarlo al cuerpo, pegar la cabeza y fundir las uniones con la ayuda de una toallita húmeda.

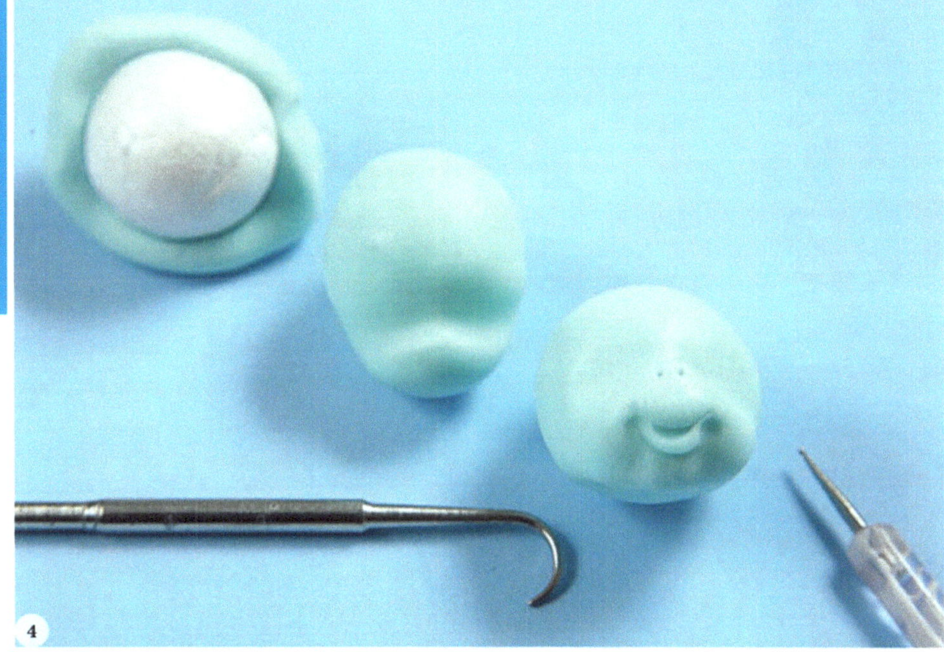

IMPORTANTE
Poner poca cantidad de cola vinílica.

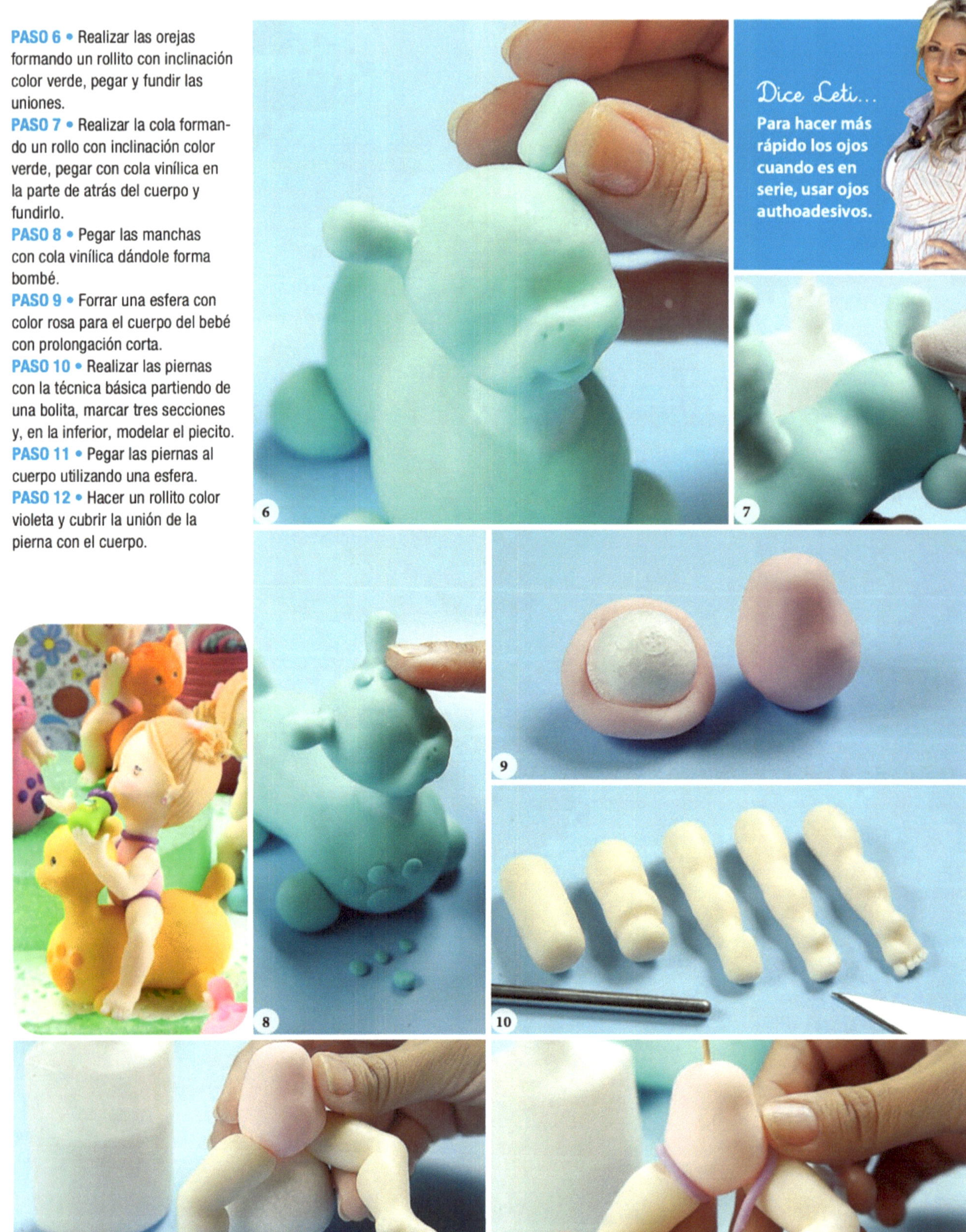

PASO 6 • Realizar las orejas formando un rollito con inclinación color verde, pegar y fundir las uniones.

PASO 7 • Realizar la cola formando un rollo con inclinación color verde, pegar con cola vinílica en la parte de atrás del cuerpo y fundirlo.

PASO 8 • Pegar las manchas con cola vinílica dándole forma bombé.

PASO 9 • Forrar una esfera con color rosa para el cuerpo del bebé con prolongación corta.

PASO 10 • Realizar las piernas con la técnica básica partiendo de una bolita, marcar tres secciones y, en la inferior, modelar el piecito.

PASO 11 • Pegar las piernas al cuerpo utilizando una esfera.

PASO 12 • Hacer un rollito color violeta y cubrir la unión de la pierna con el cuerpo.

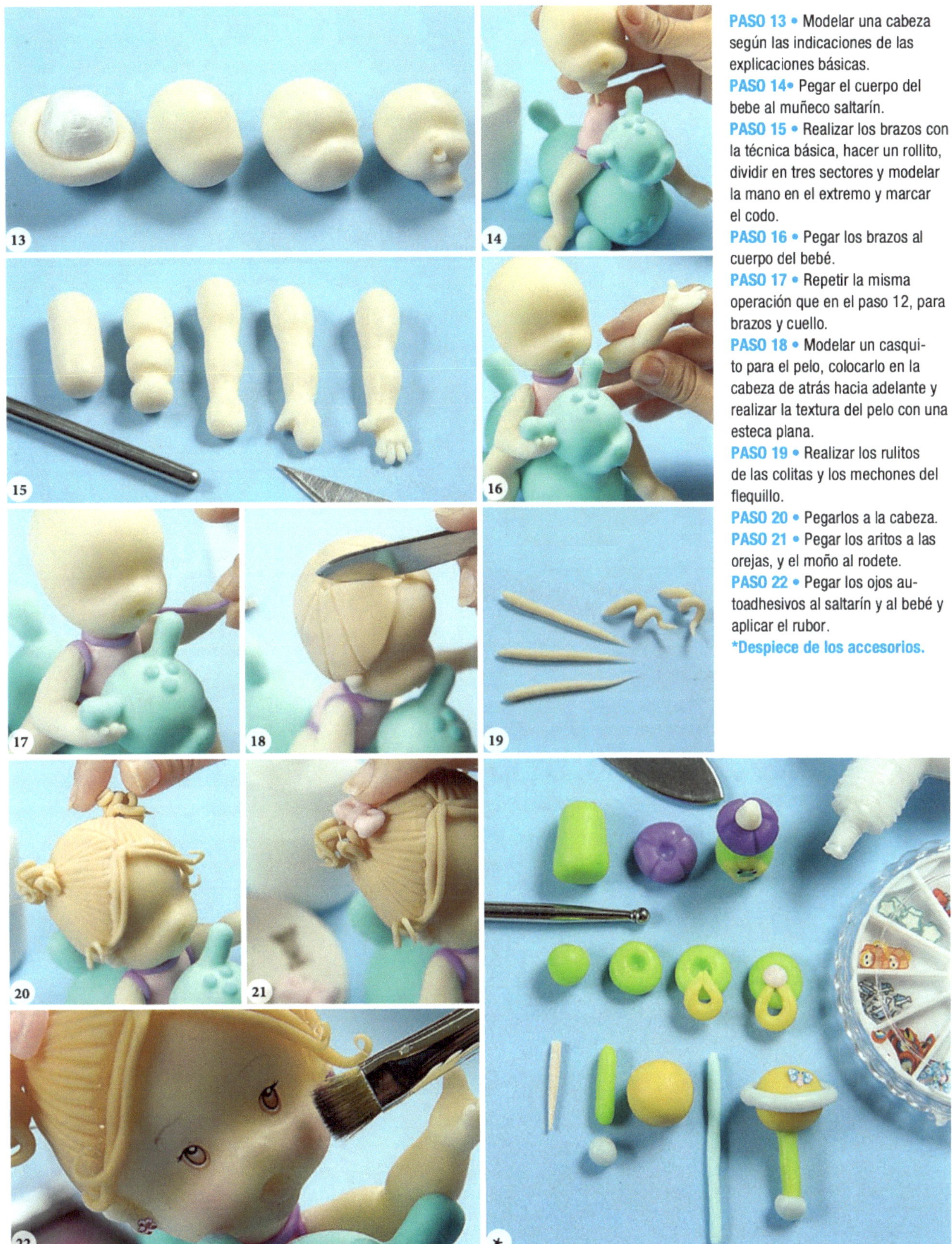

PASO 13 • Modelar una cabeza según las indicaciones de las explicaciones básicas.

PASO 14 • Pegar el cuerpo del bebe al muñeco saltarín.

PASO 15 • Realizar los brazos con la técnica básica, hacer un rollito, dividir en tres sectores y modelar la mano en el extremo y marcar el codo.

PASO 16 • Pegar los brazos al cuerpo del bebé.

PASO 17 • Repetir la misma operación que en el paso 12, para brazos y cuello.

PASO 18 • Modelar un casquito para el pelo, colocarlo en la cabeza de atrás hacia adelante y realizar la textura del pelo con una esteca plana.

PASO 19 • Realizar los rulitos de las colitas y los mechones del flequillo.

PASO 20 • Pegarlos a la cabeza.

PASO 21 • Pegar los aritos a las orejas, y el moño al rodete.

PASO 22 • Pegar los ojos autoadhesivos al saltarín y al bebé y aplicar el rubor.

***Despiece de los accesorios.**

Profesora | **Nanci Arrúa**

Dulce espera

Una hermosa imagen de la espera más
importante en la vida, la llegada de un hijo.

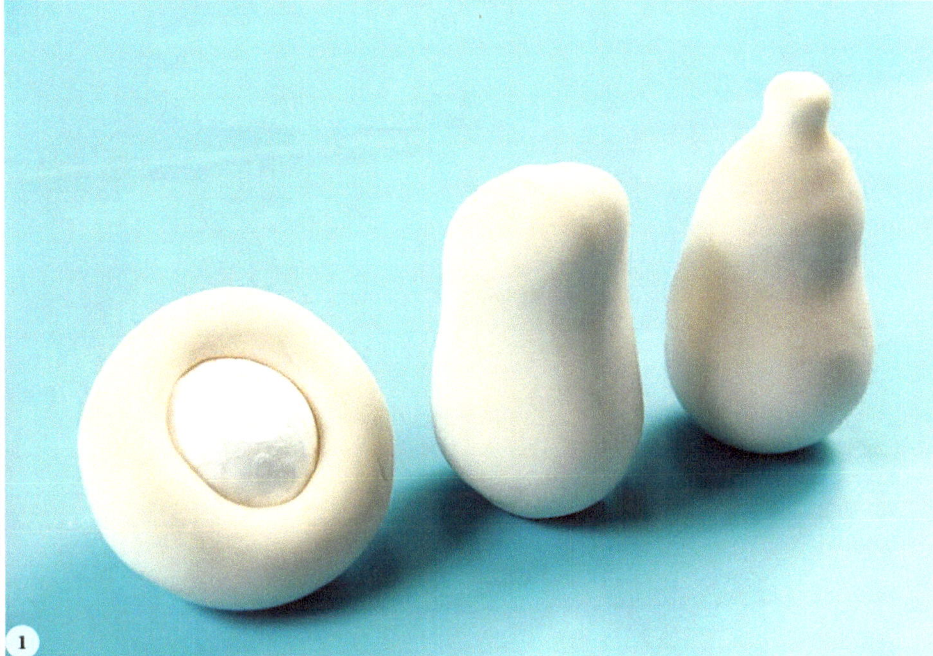

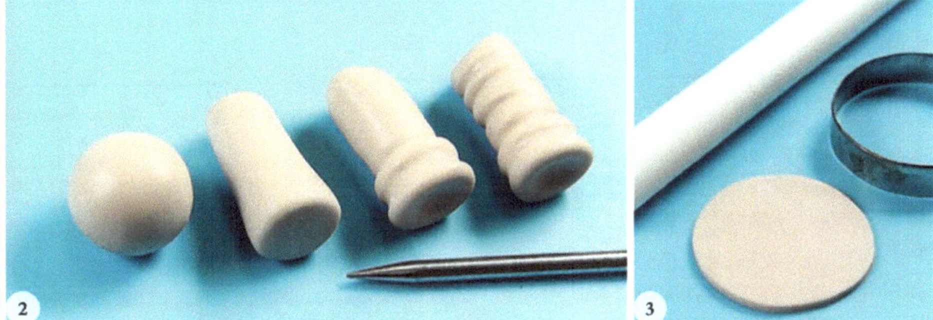

PASO 1 • Para el cuerpo, forrar la esfera N° 3 con prolongación, marcar la panza y sacar el cuello.

PASO 2 • Para las piernas, partir de dos rollitos inclinados, darles base en el extremo de mayor tamaño. Con una esteca marcar las botamangas del pantalón y las arruguitas deseadas.

PASO 3 • Para la base del pantalón, estirar masa y cortar un circulo con un cortante redondo.

PASO 4 • Pegar el círculo al cuerpo con cola vinílica.

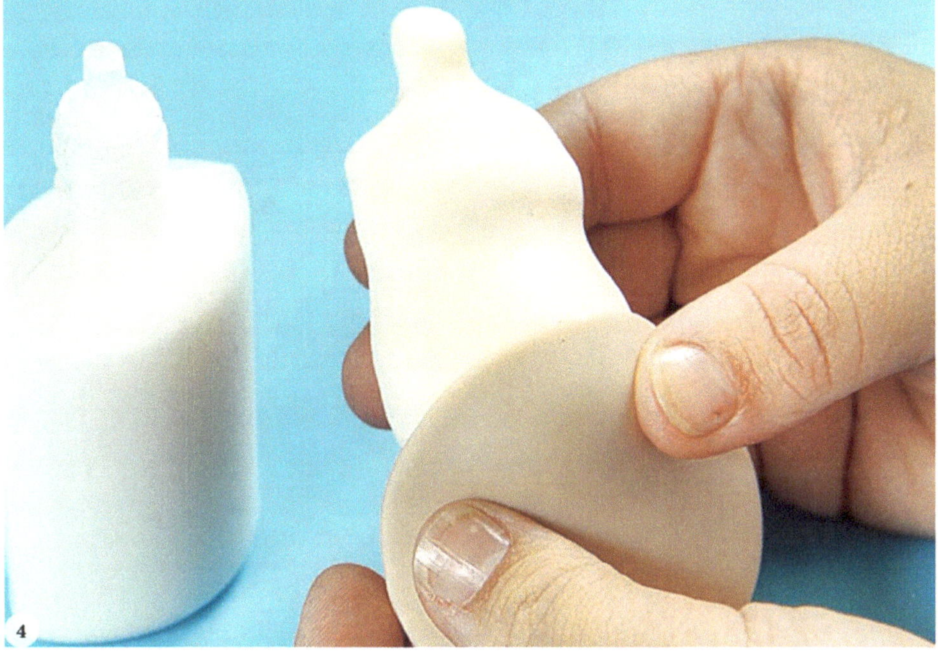

PASO 5 • Cortar el excedente con una tijera y con una toallita húmeda, fundir para que no se note la unión.

PASO 6 • Adherir las piernas al cuerpo con cola vinílica.

PASO 7 • Para los dedos, realizar cinco bolitas de mayor a menor, unirlas y presionar por detrás.

PASO 8 • Pegar los dedos debajo de la botamanga del pantalón.

TIP
Dejar secar bien el trabajo antes de seguir.

PASO 9 • Para la cabeza, forrar una esfera con prolongación, darle forma de perita corta, marcar la canaleta de los ojos y sacar el cuello.

PASO 10 • Para el labio, marcar un pequeño corte con una esteca.

PASO 11 • Realizar el labio inferior y superior con un bolillo. Marcar comisuras.

PASO 12 • Cortar el cuello de la cabeza con una esteca cuchillo.

PASO 13 • Pegar la cabeza al cuerpo con un palillo de madera.

PASO 14 • Para los brazos, hacer dos rollitos inclinados, dividir a la mitad para modelar el codo de cada uno y dividir nuevamente la de menor tamaño para poder realizar la mano completa. Marcar todos los dedos.

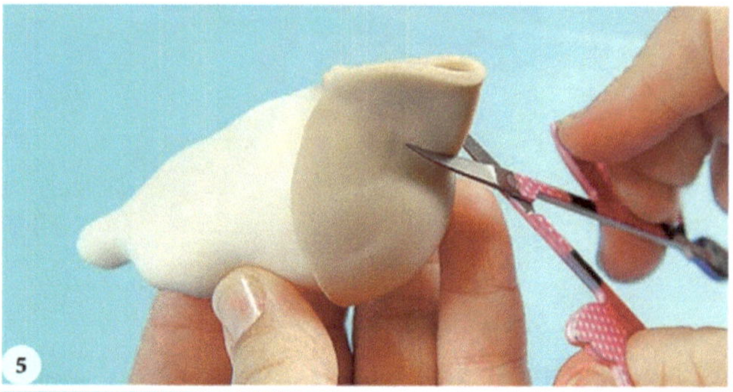

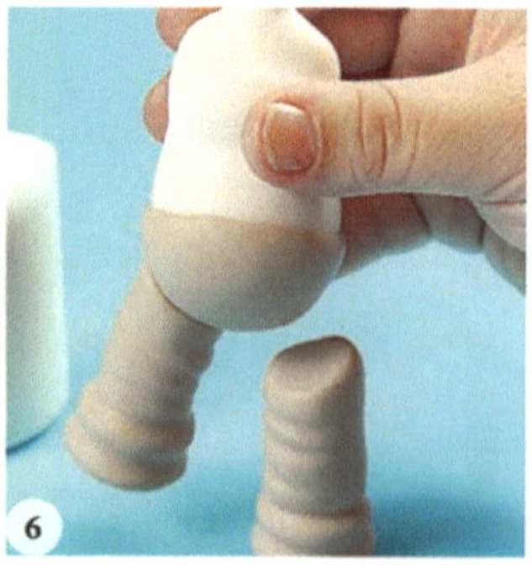

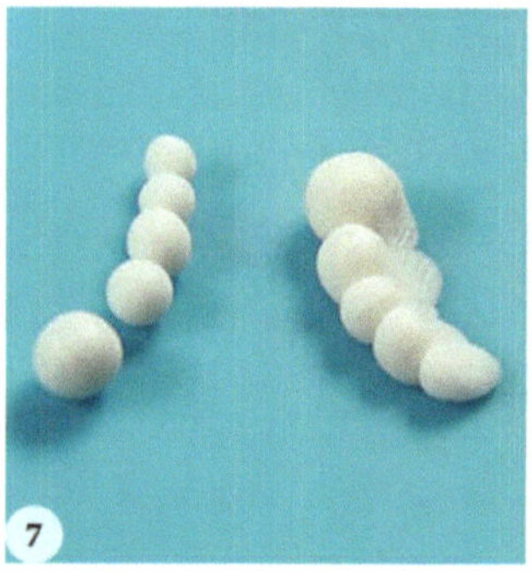

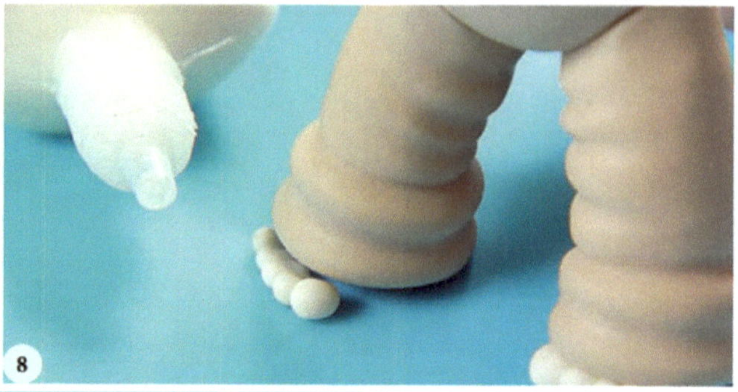

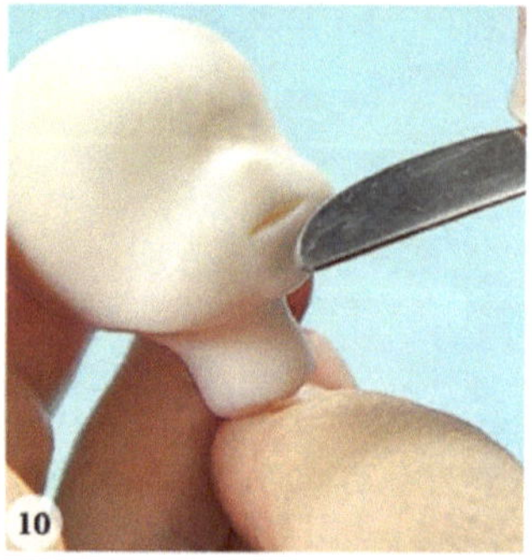

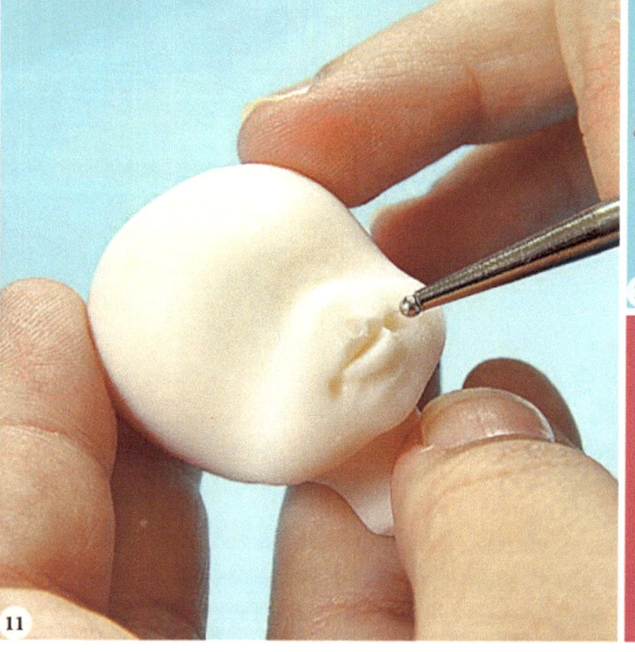

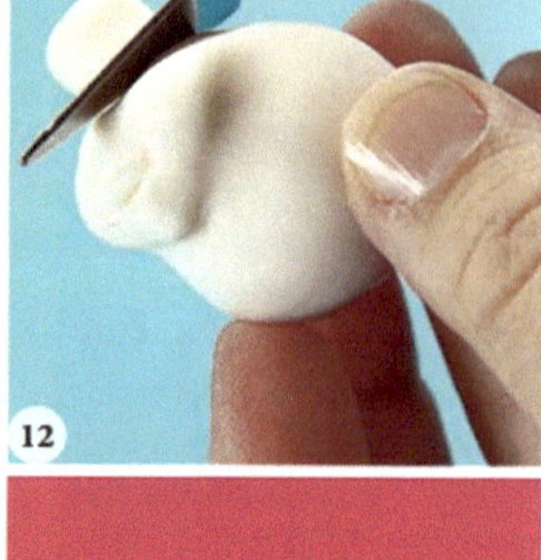

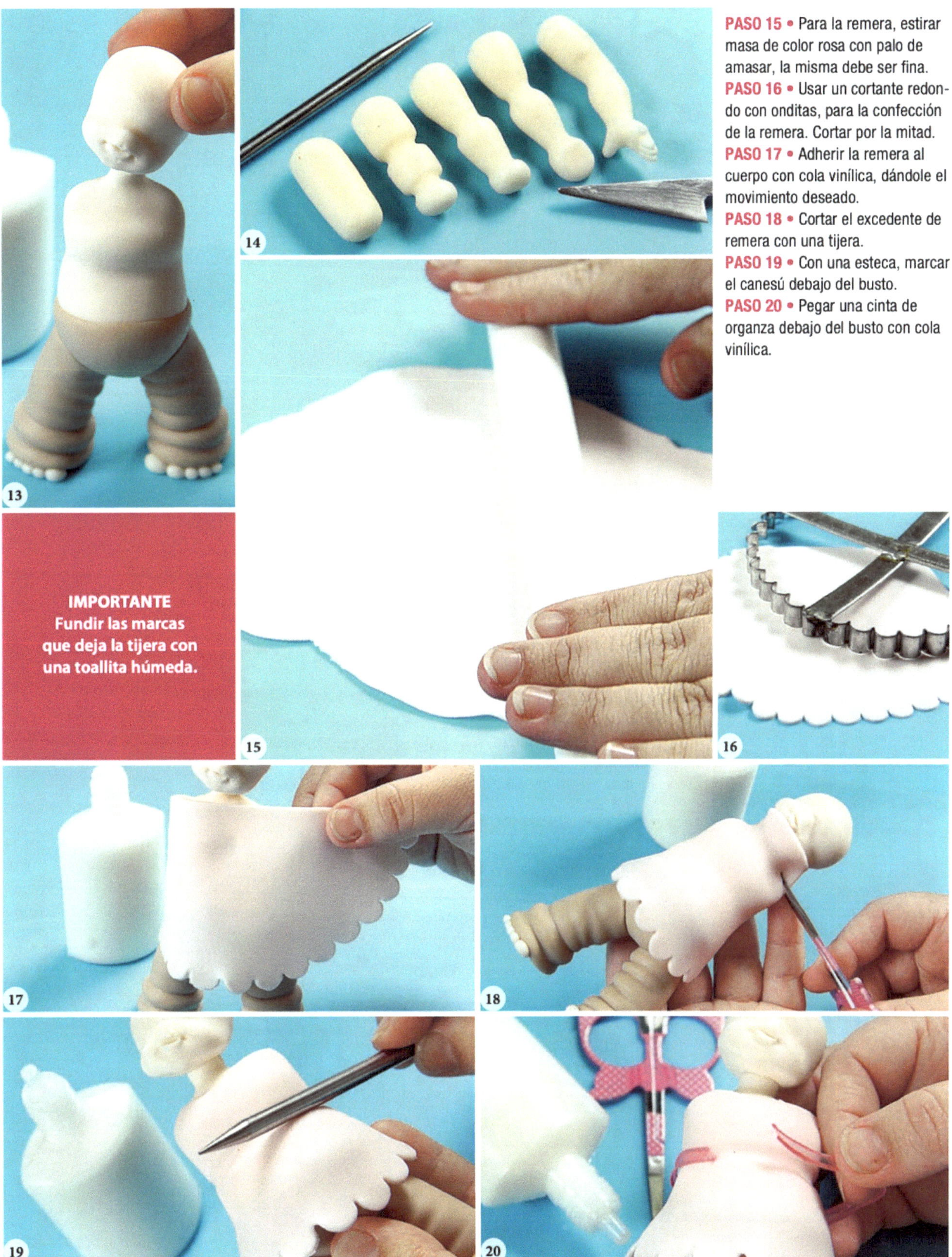

PASO 15 • Para la remera, estirar masa de color rosa con palo de amasar, la misma debe ser fina.

PASO 16 • Usar un cortante redondo con onditas, para la confección de la remera. Cortar por la mitad.

PASO 17 • Adherir la remera al cuerpo con cola vinílica, dándole el movimiento deseado.

PASO 18 • Cortar el excedente de remera con una tijera.

PASO 19 • Con una esteca, marcar el canesú debajo del busto.

PASO 20 • Pegar una cinta de organza debajo del busto con cola vinílica.

PASO 21 • Para las mangas, estirar masa fina, utilizar el cortante de flor y retirar uno de los pétalos. Cubrir cada hombro simulando la manga.

PASO 22 • Adherir los brazos al cuerpo, con el movimiento deseado.

PASO 23 • Realizar unas pequeñas marcas con la esteca en los brazos.

PASO 24 • Para el pelo, realizar un casquito de masa marrón y fijarlo a la cabeza con cola vinílica.

PASO 25 • Para los rulos, realizar rollitos, los cuales en uno de los extremos tienen punta. Enroscar en un palillo para realizar el rulo. Agruparlos para realizar la colita.

PASO 26 • Para el flequillo, hacer una lágrima larga, y en un extremo enroscar simulando el rulo.

PASO 27 • Pegar la colita de rulitos a la cabeza y el flequillo con cola vinílica.

PASO 28 • Realizar ojos con marcadores, colocar rubor y terminar de decorar con un moño de cinta de organza.

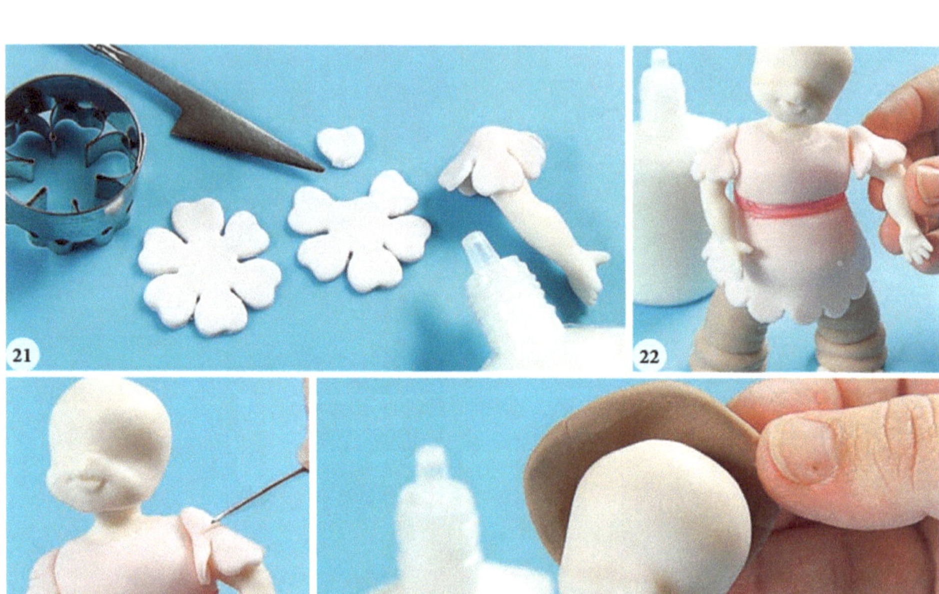

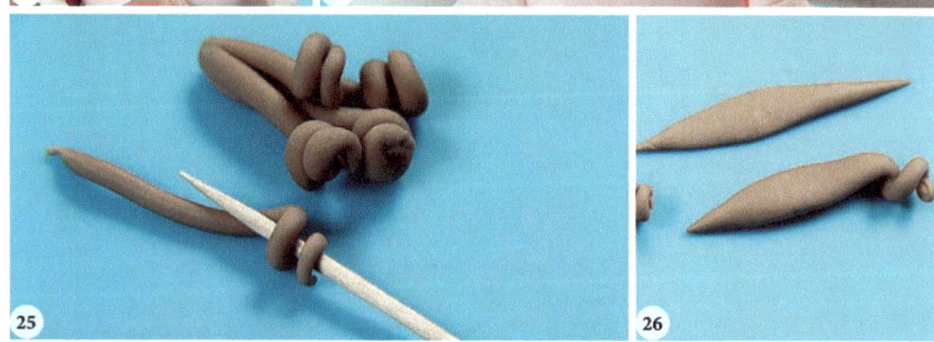

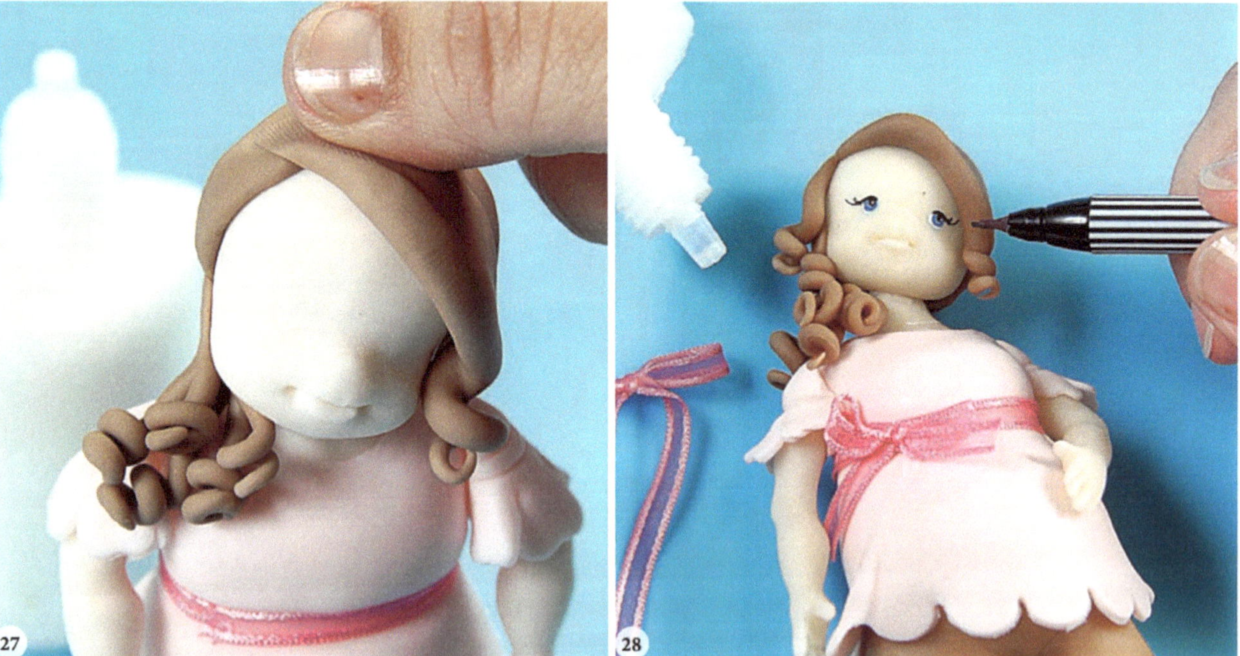